PLUS

ÇA CHANGE...

ŒUVRES COMPLÈTES
D'ALPHONSE KARR
Publiées dans la collection Michel Lévy

ŒUVRES NOUVELLES D'ALPHONSE KARR
Format grand in-18

IMP. CENT. DES CHEMINS DE FER, A. CHAIX ET Cᵒ, R. BERGÈRE, 20, PARIS. — 18383-5

PLUS

ÇA CHANGE...

PAR

ALPHONSE KARR

PARIS

MICHEL LÉVY FRÈRES, ÉDITEURS

RUE AUBER, 3, PLACE DE L'OPÉRA

LIBRAIRIE NOUVELLE

BOULEVARD DES ITALIENS, 15, AU COIN DE LA RUE DE GRAMMONT

—

1875

PLUS ÇA CHANGE...

J'ai beaucoup lu, surtout dans certains moments de tristesse et de découragement. Par la lecture, on s'absente de soi-même et de sa propre vie.

En s'occupant d'autres êtres, même imaginaires, en s'intéressant à leurs joies, à leurs douleurs, en versant même des larmes sur leurs maux, on oublie d'en verser sur soi-même qui seraient toujours plus amères.

La lecture de l'histoire passée des peuples morts accoutume à juger les hommes avec plus d'impartialité, et conséquemment avec plus de sûreté, que l'étude et le spectacle de l'histoire contemporaine, à laquelle on est toujours plus ou moins intéressé. Puis, quand on a appris à voir, — comme les médecins apprennent, sur le cadavre insensible, à faire des opérations douloureuses que l'émotion les empêcherait de faire d'abord sur une créature vivante, — on s'est fait, pour juger, des règles qu'on applique avec certitude au jugement des hommes et des choses de son temps.

Dans ces jugements, d'ailleurs, j'apportais, par mon caractère et ma nature, — *indole mea*, — des conditions qui devaient me rendre la vue claire et nette.

Je suis entré dans la vie et j'en sortirai sans autre ambition que de regarder et d'écouter, — car tous ont une voix pour moi, — le ciel, la mer, les arbres, les fleurs, les prairies, les oiseaux, les insectes, et, de temps en temps, les hommes — de préférence d'un peu loin ;

De livrer mon cœur à un amour et à un petit nombre d'amitiés ;

De « gagner ma vie », réduite à de modestes conditions, en conservant une complète indépendance.

Je n'ai pas toujours obtenu tout le peu que je demandais ; mais, néanmoins, je n'ai ni demandé ni désiré autre chose.

J'ai donc assisté au spectacle en spectateur à peu près bien assis, parce qu'il n'est pas exigeant ni sybarite, — qui n'est ni auteur ni collaborateur de la pièce, ni acteur, ni machiniste, ni souffleur, ni directeur, ni régisseur, ni ouvreuse de loge ;

En spectateur qui ne désire pas que la pièce nouvelle tombe pour faire jouer celle qu'il a en portefeuille.

Au commencement de ma vie, je ne faisais que des vers, pour mêler ma voix à ce grand concert de la nature qui m'enchantait et m'enchante encore.

C'est bien malgré moi que j'ai écrit en prose et que je me suis mêlé de politique.

Cependant, ne jouant pas moi-même, ne pariant d'aucun côté, j'ai vu et dénoncé les fautes que commettaient des joueurs habiles, sans me dissimuler que j'en aurais fait très-probablement de plus nombreuses et de plus graves si j'avais tenu les cartes, au lieu d'assister à la partie en spectateur désintéressé.

Mes appréciations, mes jugements, mes conseils n'ont guère été écoutés; — mes écrits n'ont pas eu, au moment où ils paraissaient, tout le succès qu'obtenaient certains écrits qui partageaient, louaient et surexcitaient la folie à la mode du jour, la folie régnante, — et il y a toujours, en France surtout, une folie régnante.

Comme les gens auxquels je parlais étaient plus ou moins atteints de la contagion; comme ils étaient intéressés au jeu, aveuglés, et au moins émus par la crainte ou par l'espérance, les vérités que je disais ne satisfaisaient tout à fait personne, et l'on n'a presque jamais dit de moi : —

Il a raison.

Mais, très-fréquemment, on a dit :

— Comme il avait raison il y a vingt ans, il y a dix ans, — hier !

En effet, les événements sont venus bien souvent, plus souvent même que je ne l'eusse désiré, donner raison à mes prévisions et à mes prédictions.

Je mentirais et vous ne me croiriez pas si je disais que je n'en ai pas pris une certaine confiance dans la portée et la sûreté de mes yeux.

C'est en 1848 que, pour la première fois, j'ai formulé une des convictions que j'ai acquises, en une petite phrase qui a d'abord eu l'air d'un paradoxe et d'une plaisanterie, mais qui exprime une vérité incontestable :

Plus ça change, plus c'est la même chose.

*
* *

Certes, si je n'avais vu en question que
la dispute des titres, des honneurs, des
places, de l'argent dans une sphère circon-
scrite, comme autrefois, il est probable que,
n'étant pas né dans cette sphère, je me
serais tenu en dehors toute ma vie; mais
le mensonge, la sottise, la mauvaise foi,
la méchanceté, la présomption, l'avidité,
la suffisance ont tellement, de ce temps-ci,
mis le feu à la maison, qu'on ne pouvait
laisser le soin de l'éteindre aux seuls pom-
piers de profession.

En 1848, Proudhon, en répondant à un

article du *Journal* que je publiais alors, me dit :

— J'aimais bien mieux le temps où M. Karr faisait ses *beaux* romans.

— Et moi aussi ! lui répondis-je.

Et, comme il ajoutait :

— M. Karr ne me comprend pas.

J'ajoutai à ma réponse :

« Monsieur Proudhon, j'ai appartenu à divers titres à l'Université de France ; en 1830, j'étais professeur suppléant au collége Bourbon, et vous verriez au besoin mon nom dans les annales universitaires parmi les vainqueurs des concours.

» Or, si vous écrivez et si vous vendez pour un sou aux ouvriers et aux cochers un journal

1.

que je ne comprends pas, vous jouez avec
eux un rôle qui est risible dans *le Médecin
malgré lui* de Molière, quand il dit : « Savez-
vous le latin? — Non. — Alors, *cabricias
arci thura catalamus, singulariter, hœc musa,
la muse, bonus, bona bonum!* » et qui devient
odieux quand vous enivrez le peuple en lui
fournissant des idées fausses et des théories
dangereuses surtout pour lui, au moyen
d'un langage prétentieusement cherché et
obscur ; quand vous l'envoyez en prison et
parfois à la mort pour défendre *Cabricias
arci thura, catalamus*, et d'autres choses aussi
intelligibles. »

Placé loin de tout, ne désirant rien, ne
craignant pas grand'chose, il m'a été sou-

vent facile de voir les choses et les hommes juste comme ils sont.

Si je disais qu'il n'y a absolument aucune vanité de ma part à établir de temps en temps que j'ai prévu et prédit ce qui est arrivé, je mentirais encore, et vous ne me croiriez pas plus que tout à l'heure; cependant, en m'examinant sévèrement moi-même, je puis dire hautement que, si je recherche et reprends, dans des écrits anciens, des preuves que j'ai toujours dit et assez souvent prédit là vérité à mes lecteurs, c'est surtout parce que je voudrais leur inspirer assez de confiance pour qu'ils croient à ce que je leur dis aujourd'hui.

Je n'ai aucun intérêt à telle ou telle forme

de gouvernement ; je n'ai rien à redouter
ni à espérer de personne.

Je désire quelquefois de la pluie ou du
soleil ; je demande ou crains certains vents,
le nord-est ou le nord-ouest, suivant la
saison ; mais cela ne dépend pas des hommes, et, d'ailleurs, je me résigne très-facile-
ment à ce qu'il plaît à la Providence de
nous envoyer.

*
* *

Les hommes se sont de tout temps agités,
sous l'empire de trois ou quatre passions,
de trois ou quatre besoins réels, de huit ou

dix besoins factices, — passions et besoins toujours les mêmes, produisant les mêmes effets ; déguisés seulement de temps en temps sous des noms ou des masques nouveaux.

Les mêmes types d'hommes, beaucoup moins nombreux qu'on ne le croit généralement, se reproduisent périodiquement ; les mêmes événements se répètent à certains intervalles.

Le Maître suprême nous a enfermés dans un cercle infranchissable, tracé dès la naissance du premier homme par son immuable volonté. *Miri sunt orbes et quasi circulos.* (Cicéron.)

Nous sommes dans la vie, comme Robinson dans son île : nos progrès, nos décou-

vertes, sont comme les arbres, les fruits,
les légumes, les animaux, les poissons, les
œufs de tortue, etc., que Robinson découvre successivement, mais qui étaient
dans l'île déjà le jour où il y a abordé, et
auparavant, mais dont le nombre est limité;
— et il n'y trouva rien qui n'y ait existé de
tout temps.

Nous appelons d'ailleurs *progrès*, ce qui
n'est pas toujours un bénéfice. Chaque
nouvelle découverte ou acquisition de la
science ou de l'industrie vient satisfaire
un besoin, mais en crée le plus souvent
deux ou trois nouveaux.

Et, après tant de siècles, qui ont accu-
mulé les travaux, les progrès, la vie com-

mune est simplement un peu plus — peut-
être beaucoup plus — difficile à chaque
étape du temps et de la vie de l'humanité.

*
* *

Les acteurs, les acteurs anciens surtout,
se préoccupaient peu des noms qu'il plaît
aux auteurs de donner aux personnages de
leur drame.

Que l'amoureux s'appelle Pleusidippe,
Callidore, Achille, Polyeucte, Damis, Cli-
tandre ou Valère, l'amoureux, pour les

acteurs, c'est... l'amoureux, ou le jeune premier.

Que l'amoureuse s'appelle Planésie, Bacchis, Chimène, Angélique ou Elmire, pour les actrices, c'est... l'amoureuse, ou la jeune première.

Pour les acteurs, il y a les premiers rôles, les raisonneurs, les comiques, les ingénues.

De même pour les chanteurs : Almaviva, Arnold, Raoul, Éléazar, sont des ténors; Rosine, Mathilde, Valentine, Rachel, sont des contralti.

Et, comme le dit un personnage de Plaute dans *les Ménechmes*, à propos de décor :

« Cette ville que vous voyez, c'est Épi-

damne, tant que dure la pièce que nous
jouons en ce moment; dans la pièce sui-
vante, ce sera une autre ville ; elle changera
de nom comme les acteurs de la troupe[1]. »

Dans l'histoire, le conquérant s'appellera
Sésostris, Gengis-Khan, Alexandre, César
ou Mahomet.

Il n'y a de changement que dans le
nom et le costume. De même pour les figu-
rants et comparses, le peuple, l'armée, les
paysans, les victimes enfin.

*
* *

1. « Hæc urbs Epidamnus est, dum hæc agitur
fabula ; quando alia agetur, aliud fiet oppidum ;
quoque familiæ sint, sicut solent mutari, etc. »

A une époque où Louis XIV était réduit
à des expédients de « coquin de neveu »
de comédie ; où il dépensait, année commune, trois cent trente millions avec un
revenu de cent dix-sept millions ; où (en
1715) il négocia trente - deux millions de
billets pour avoir huit millions en espèces ;
où on créa pour « faire de l'argent » ces
charges bouffonnes de :

Conseillers du roi, essayeurs de beurre
salé ;

Conseillers du roi, contrôleurs de beurre
frais ;

Conseillers du roi, inspecteurs des veaux ;

Conseillers du roi, inspecteurs des per-
ruques, etc.

Le contrôleur général Pontchartrain disait :

— La Providence veille sur le royaume : à peine le roi a-t-il créé une charge nouvelle, que Dieu crée sur-le-champ dix imbéciles pour l'acheter.

C'est un soin que la Providence semble prendre toujours et partout.

Quand il naît un enfant destiné à être escamoteur, il naît, le même jour, un nombre de badauds suffisant pour lui composer un cercle sur le boulevard.

Quand il naît un futur conquérant, il naît, en même temps, des armées de gens qui se feront tuer pour lui, qui se croiront conquérants eux-mêmes, tandis qu'ils ne

sont que conquis et opprimés; qui élèveront
des arcs de triomphe à la gloire d'un prince
qui est resté chez lui, ou du moins à une
distance raisonnable du danger, d'un prince
que sa « grandeur attachait au rivage », du
côté du Rhin précisément où on ne se battait pas. Puis...,

          ..... Pour quelques tabatières,
Les rimeurs le mettront au nombre des héros.

Un conquérant, un despote vient-il au
monde, « à l'instant même, dit un ancien,
la Providence ôte, au peuple auquel il sera
infligé, la moitié de son intelligence pour le
préparer à la servitude ».

Autre point de vue du cercle dans lequel l'homme et toute la nature sont renfermés.

Une carpe pond plus de trois cent mille œufs; il y a des poissons qui en pondent un million et au delà.

Si tout cela vivait, il n'y aurait plus de mer : il n'y aurait plus qu'un amas de poissons que labourerait la quille des navires.

C'est que le Maître souverain a prévu et mesuré la voracité des autres poissons, celle des oiseaux pêcheurs et celle de l'homme.

Dans certains étangs faits de main d'homme, où les carpes et les tanches se multiplient en trop grande quantité et où les poissons, trop nombreux, ne trouveraient plus à se nourrir, on m'a assuré qu'on jette deux ou trois jeunes brochets qui mettent de l'ordre dans la propagation excessive.

C'est le rôle des conquérants et des héros.

Un exemple moderne, on peut dire contemporain : en Angleterre, Jenner naît en 1749 et découvre la vaccine, qui devait mettre un terme aux ravages et aux dépopulations de la petite vérole ; mais, en même temps, naît en Corse un grand guerrier, un conquérant, un brochet : Napoléon Bonaparte (1769).

*
* *

Admis très-jeune à écrire dans les journaux, j'ai eu le rare bonheur, par une
répugnance instinctive, de ne me mêler de
parler politique que lorsque j'ai pu y comprendre quelque chose.

Ce que j'ai à dire aujourd'hui, je le
borne aux choses que j'ai vues de mês
propres yeux.

Je vais parler sommairement de la révolution de Juillet; je ne sais ce qui s'est
passé antérieurement que par ouï-dire et
par mes lectures; puis de la révolution
de Février, du coup d'État, de l'Empire.

Mais c'est surtout de la révolution de 1870
que j'ai à entretenir mes lecteurs, pour leur
faire partager au moins ma défiance —
j'ai mieux que de la défiance — des me-
nées politiques, des révolutions et des bou-
leversements.

Pour en arriver à établir que c'est très-
sérieusement que j'ai pu dire, et que je
répète aujourd'hui :

Plus ça change, plus c'est la même chose.

*
* *

J'étais petit enfant lors des deux inva-
sions qui mirent fin à l'Empire; je ne

m'en rappelle que ce que se rappellent les
enfants : certains bruits, certaines couleurs,
certains visages.

Je ne connais donc cette époque que par
les livres et les récits des autres; j'en parle
donc très-peu.

Le pays était fatigué, épuisé par la
guerre. Depuis quinze ans, on avait quelquefois donné le nom de *paix* à l'inter-
valle nécessaire pour refaire des armées.
La France était haïe et redoutée par toute
l'Europe ; les Français étaient entrés en
vainqueurs triomphants et, qui pis est,
« blagueurs » dans toutes les capitales : à
Madrid, à Rome, à Vienne, à Berlin, à Mos-
cou, etc.

La situation de Louis XVIII remonté sur « le trône de ses pères » n'était pas facile.

Il avait bien dit : « Fils de saint Louis et descendant de Henri IV, je les prends pour modèle. » M. de Blacas, son « confident », avait dit : « Le roi que vous voulez *servir* a l'équité de saint Louis, la munificence de François Ier, la magnanimité d'Henri IV, la politesse de Louis XIV[1]. »

Mais ça ne suffisait pas : les émigrés, les royalistes de la Vendée, de la Bretagne, de tout l'Ouest voulaient de l'argent et des places. Il n'y a que Dieu qui puisse donner à quelqu'un sans prendre à un autre.

---

1. *Histoire de Louis XVIII*, par M. Alph. de Beauchêne.

En vain Louis XVIII se montrait avec un
habit bleu, habit bourgeois avec des épau-
lettes de général, et des guêtres de velours
rouge bordées d'un petit cordon d'or[1],
traîné par huit chevaux blancs ; ça ne faisait pas oublier la redingote grise de *l'autre*,
et ça faisait penser à son attelage de chevaux café au lait, que l'opinion publique de
la foule accusait Louis XVIII d'avoir fait
massacrer.

Les mécontents, les dépossédés, les bonapartistes, les républicains se réunirent tous
sous un même drapeau qui, vu la diver-
sité des opinions qu'il abritait, aurait dû

1. *Histoire de Louis XVIII*, par M. Alph. de Beauchêne.

être la culotte d'Arlequin, mais qui se contenta modestement de trois couleurs : le bleu pour les constitutionnels et les éternellement opposants à tout par tempérament, le rouge pour les républicains, le tricolore pour les bonapartistes.

On échangea beaucoup de coups de poing et beaucoup de coups d'épée au sujet des drapeaux ; un groupe chantait dans les cafés :

> Que ferons-nous des trois couleurs ?
> Le bleu, c'est la valeur ;
> Le rouge, c'est l'honneur ;
> Le blanc, c'est la bêtise :
>   C'est la devise
>   Des Bourbons.

A quoi un autre groupe répondait :

> Le bleu, c'est les brigands ;
> Le rouge, c'est le sang ;
> Le blanc, c'est la candeur :
>   C'est la devise
>   Des Bourbons.

Les constitutionnels, les opposants, les bonapartistes, réunis sous le même drapeau, prirent un nom commun : ils s'intitulèrent « les libéraux » — et « l'opposition ».

Mais les plus grands ennemis de tous pour Louis XVIII, c'étaient les ultra-royalistes, qui exigeaient de lui des fautes qui devaient renverser son successeur.

2.

Des bandes royalistes[1] commettent dans le Midi, ces excès, ces assassinats qu'on a appelés *la terreur blanche.* Louis XVIII, à l'ouverture de la session des Chambres de 1816, parle des « écarts d'un zèle trop ardent ».

« Une dissidence fondamentale existait dans le conseil[2], Louis XVIII dit à M. Morellet, maire de Dijon : « Vous vous » trompez, je ne suis pas le roi de deux » peuples, mais d'un seul. »

« La même police fut conservée, et ceux qui naguère surveillaient les entreprises des royalistes contre Bonaparte,

1. M. de Beauchamps.
2. M. Guizot.

furent tout à coup chargés d'épier celles
des bonapartistes contre le roi[1]. »

Plus ça change, plus c'est la même chose.

« La Providence, dit Louis XVIII le
29 novembre 1819, m'a imposé le devoir
de FERMER *l'abîme* des révolutions. »

On voit que la phraséologie politique
laissait déjà beaucoup à désirer. Le roi
ici confond évidemment deux métaphores
qui traînent depuis trop de siècles dans
tous les discours :

L'abîme des révolutions !

Un abîme, ça se comble.

Et *le temple de Janus,*

M. de Beauchamps.

Qui, lui, se fermait.

Mais je crois qu'on se tromperait en cherchant dans ces mauvaises phrases, une des causes de la chute de la monarchie ; — j'aime mieux les chevaux café au lait. — On n'était pas d'une sévérité aussi littéraire envers les rois alors qu'on l'a été depuis pour les *que* de Louis-Philippe ; déjà on parlait des « institutions libres, fortes et durables ».

Déjà on « surprenait la religion du monarque ».

Mais passons.

La révolution de 1830 est faite pour « la liberté de la presse », surtout pour cette partie de la population qui ne sait

pas lire, et au cri singulièrement con-
tradictoire de « Vive Napoléon et la liberté! »

On distribue les places, les ministères,
les préfectures et les traitements à ceux
qui « étaient de l'affaire »; on donne
des *croix de Juillet* aux simples héros.

Mais il arriva alors ce qui arrive toujours; une révolution fait l'office d'un gendarme qui, à la queue d'un théâtre, laisse
passer dix personnes de la foule, et, étendant le bras, arrête ceux qui suivent, —
lesquels poussent alors avec plus d'ardeur.
Les héros sont mécontents, disent qu'il
y a maldonne, demandent des cartes
pour recommencer la partie.

On fait un triage : ceux qui se rallient tout à fait au nouveau gouvernement reçoivent la croix d'honneur en échange de la croix de Juillet, qu'ils ne portent plus; elle devient alors un signe de ralliement pour l'opposition et, au besoin, pour l'émeute.

Cependant, sauf quelques émeutes, dont une ou deux tristes et terribles, — car il y avait alors dans ce parti des fanatiques qui consentaient à mourir, tandis qu'aujourd'hui il n'y a plus guère que des avides, des paresseux, des ayant soif, qui ne veulent pas mourir, mais au contraire vivre, et bien vivre, — le gouvernement s'affermit. On voit une activité,

une prospérité presque sans exemple, mais
allant malheureusement au delà des bor-
nes et amenant les excès de l'agiotage
et le commencement du règne des affaires véreuses ; une liberté à peu près
complète, — peut-être même toute la liberté
que peuvent supporter les têtes françaises,
pour lesquelles le vin généreux, le *merum* de
la liberté pure, est trop capiteux ; on voit une
des époques brillantes des arts, de la litté-
rature et des sciences. Mais les Français
ne savent pas ce qu'ils veulent, et ne se
tiendront en repos que lorsqu'ils l'auront
obtenu.

On ne trouve pas le roi assez guerrier :
« Otez-nous ce *soliveau*... » Attendez, la

Providence vous couve un œuf de grue. Et puis la nation ne peut plus supporter le nombre de *que* que la presse relève dans ses discours.

Les *que* font pour Louis-Philippe ce que les chevaux café au lait de l'empereur avaient fait pour la Restauration.

On se rappelle, en effet, la guerre *littéraire* qui fut faite au roi Louis-Philippe.

On lui reprochait l'abus des *que;* il ne prononçait pas un discours, n'écrivait pas une lettre, qu'on n'imprimât la lettre et le discours, en mettant les *que* renfermés dans les phrases, soit en *italiques*, soit en PETITES CAPITALES, en ayant soin de ne pas oublier les mots comme *que*relles, atta*que*, etc., etc.

Or, le mot *que* est naturellement et nécessairement très-souvent employé, et les re-
présailles eussent été faciles.

J'ouvre au hasard un livre que je puis
prendre sans me lever, en étendant le bras.

C'est Fénelon, *Télémaque.*

« Mais *quelle* apparence de dire *que* je
veux envoyer des troupes à Itha*que* pour y
rétablir Téléma*que* !...

« Ah! heureux le roi *qui* est soutenu par
de sages conseils; un ami sage vaut mieux à
un roi *que* des armées victorieuses; double-
ment heureux le roi *qui* sent son bonheur
et *qui* en sait profiter; car souvent il arrive
*qu'*on essaye, etc. »

Et puis, et surtout, comme le dit un jour

Lamartine à la tribune de la Chambre des députés, « la France s'ennuyait. » C'est bien, nous allons rire !

On a fait à Louis-Philippe une guerre acharnée. Sept ou huit assassins tirent successivement sur lui sans l'atteindre; la machine de Fieschi abat de nombreuses victimes autour de lui et de ses fils ; la reine Amélie dit qu'elle n'est un peu tranquille que lorsque ses fils sont en Afrique, n'ayant à redouter que les chances de la guerre et les balles des Arabes.

Les rivalités de six ou sept hommes escaladant le pouvoir pour en être renversés, et remonter à l'assaut, MM. Guizot

et Thiers, surtout, minent le trône de
Juillet.

Quand M. Thiers n'est pas ministre, quand
Louis-Philippe, redoutant ses imprudences,
l'envoie, comme le dit le roi, « retremper
sa popularité dans l'opposition », il se
joint à ceux qu'il combattait la veille, et les
journaux rédigés par ses amis et ceux qui
jouent sur sa carte suppriment, en parlant
du roi, les deux lettres S. M., et l'appellent
une haute influence.

Jusqu'au jour où on lit dans ces mêmes
journaux :

« M. Thiers a été mandé aux Tuileries ;
il a eu l'honneur de prendre les ordres de
Sa Majesté Louis-Philippe. »

Et, alors, je disais dans *les Guêpes* :

« Le canon annonce que la duchesse
d'Orléans vient d'accoucher. Voyez les Parisiens comme ils sont contents ; c'est un
prince de plus à... à outrager... à chasser. »
(Décembre 1840.)

« Supposez qu'on finisse par faire une
nouvelle révolution ; il arrivera précisément
ce qui est arrivé de l'autre : un parti ou
quelqu'un s'en emparera ; ce quelqu'un ou
ce parti aura ses amis et sa queue, et ce sera
à recommencer.

» Je comprends l'ardeur du cheval de
course qui fait un, deux ou trois tours et
arrive à un but ; mais je m'étonnerais de
l'impétuosité d'un cheval de manége qui

doit toujours tourner dans le même rond. »
(Août 1841.)

« O bourgeois, successeur des rois,
roi toi-même aujourd'hui ! que ta desti-
née est grande et que ton pouvoir est
immense ! Tu as attaqué tous les abus,
et tu as eu soin de ne pas trop les dé-
tériorer, comme un chasseur de fourrures
qui ne veut pas gâter la peau du tigre
ou de l'ours ; les abus, tu ne voulais pas
les détruire, tu voulais t'en emparer ; tu
les possèdes, et, grâce à tes ménagements,
ils sont encore en assez bon état pour
exciter l'envie *d'une autre classe*, qui a
pour le moment ramassé ton ancienne indignation contre ces mêmes abus, en at-

tendant qu'elle puisse, à son tour, les conquérir.

» O bourgeois, tu es roi, tu es législateur, tu es tout ce que tu as daigné être, et cela sans études, sans soucis, à mesure que tu te fatigues d'être ferblantier, ou que tu t'ennuies d'être droguiste, ou que tes facultés un peu éteintes ne suffisent plus à ton commerce de bonneterie!

» Bourgeois, tu règnes et tu gouvernes; bourgeois, tu as escompté le royaume du ciel, qui t'était promis contre le royaume de la terre; bourgeois, tu es grand, tu es fort, tu es nombreux surtout; bourgeois, prends garde de renverser toi-même ta puissance! » (Juillet 1846.)

Je constate que la maison est minée,
que ses fondements suspects ne la sou-
tiennent plus ; mais, en même temps, je
dis : « Je vois trop de démolisseurs et
de sapeurs ; où sont les architectes et les
maçons ? » (Juillet 1846.)

Lucien disait : « Vous ferez croire ce que
vous voudrez aux Athéniens, en leur disant :
Ὦ Ἀθήναιοι! ἰο στέφανοι... (ô Athéniens ! cou-
ronnés de violettes). »

A nous, on nous fait avaler les plus grosses
bourdes, les plus insolentes mystifications,
les plus grossiers mensonges, en nous disant :
« Vous qui avez tant d'esprit ! »

Si nous avons eu en réalité de la raison
et de l'esprit, reconnaissons aujourd'hui,

pour notre salut, que nous avons perdu plus de la moitié de notre esprit, et notre raison tout entière.

O peuple, peuple français ! nous qui nous sommes donné à nous-mêmes le titre et le brevet du peuple le plus spirituel de la terre ! O peuple le plus facilement dupe de tous les peuples ; toujours prêt à prendre pour des réalités les espérances les plus folles ; à regarder comme présents et acquis tous les biens qu'on lui promet ; peuple badaud, public né de tous les charlatans et de tous les vendeurs de panacée, de thériaque et de crayons, de chaînes de sûreté et de lorgnettes, de tous les dentistes en plein air !

Dans cette situation, Aristophane osait

dire aux Grecs et aux Athéniens, les Français et les Parisiens de ce temps-là : « O
peuple, tu restes là, bouche béante, à attacher des figues par la queue[1]. » Mais,
moi, je n'ose pas, et, plus timidement, je
continue :

O peuple français ! je te disais l'autre
jour : « Ta mémoire ne remonte jamais
à plus de six mois ; tu oublies le bien
comme le mal ; tu ne sais ni admirer ni
mépriser.

» Auprès de toi, rien n'est jamais acquis
et assuré, mais rien n'est jamais perdu et
détruit; l'homme de bien ne peut pas

1. Κέχηνεν ὥσπερ ἐμποδίζων ἰσχάδας.

3.

plus compter sur une récompense que le coquin sur le châtiment.

» Il suffit d'émettre tout haut et de soutenir hardiment une prétention, quelque fausse, absurde, ridicule qu'elle soit. »

*
* *

Delescluze, celui qui a été tué sur les barricades, disait un jour :

— Ce n'est pas la victoire qui nous donne du souci : elle ne peut nous échapper ; mais ce qui nous préoccupe, c'est ce que nous ferons le lendemain de la victoire.

Je répondis :

— La maison qui nous abrite assez mal,
j'en conviens, est vieille, lézardée, croulante,
à peine soutenue par des étais. Vous voulez
la démolir : rien de mieux ; mais je pense
que vous avez bâti une autre maison en
face, où nous pourrons coucher le soir, une
maison solide, commode, etc. !

— Nullement ; nous n'avons même aucun
plan dessiné pour cette nouvelle maison,
et nous ignorons encore où nous la bâtirons.

— Mais, alors, si nous vous aidons à démolir, ou si seulement nous vous laissons
démolir la maison...

— Dites la baraque.

— La baraque, je le veux bien.

— Dites le taudis.

— Disons taudis, j'y consens ; si nous vous laissons...

— Dites bouge.

— Si nous vous aidons à démolir, ou si seulement nous vous laissons démolir la maison, la baràque, le taudis, le bouge qui nous abrite tant bien que mal...

— Dites très-mal.

— Volontiers !... qui nous abrite très-mal, nous coucherons en plein air, au froid et à la pluie, et alors il faudra refaire des huttes avec les débris, les décombres, les plâtras, les matériaux avariés de la maison abattue, comme on a fait jusqu'ici après chaque révolution. Vous trouvez que le navire est mal gouverné, qu'il se trompe de route ou n'avance pas : apprenez la science du pilote, étudiez les cartes, faites votre *point*, mettez-vous en mesure de gouverner mieux et plus sûrement, et de suivre la vraie route, après cependant avoir décidé où nous allons ; et ensuite vous prendrez *la barre*.

— Non ; nous voulons jeter tout de suite le pilote et le capitaine par-dessus bord.

— Et après ?

— Après ?... nous serons débarrassés d'eux.

— Et après ?

— Après ? nous ferons un tour à la cantine.

— Très-bien ; mais, quand vous aurez

vogué pendant quelques jours au gré des
vents, sans direction, tanguant, roulant,
dérivant au hasard; quand vous aurez
mangé et bu, en les gaspillant, les vivres,
l'eau-de-vie et l'eau, vous aurez peur, et
vous vous livrerez au premier gredin qui
saura un peu ou vous fera croire qu'il sait
« gouverner ». Voulez-vous des exem-
ples ?

— Non.

— Des preuves?

— Qu'est-ce que ça prouve?

Jamais un trône ne parut aussi solide
que celui de Louis-Philippe. L'Europe,
tranquillisée et ne redoutant plus la France,
qui avait si longtemps troublé la paix du

monde; grâce à cette longue paix, progrès immenses dans toutes les industries, splendeur des lettres, des arts et des sciences; une nombreuse famille : les femmes, exemple de vertu, de modestie, renfermées comme dans un harem; les fils élevés, avec les enfants des bourgeois de leur âge, dans les lycées publics, ayant tous pris une part glorieuse aux guerres d'Afrique, tous très-populaires, — moins un, — et encore parce qu'il était blond et timide!

Mais voici un spécimen de la mauvaise foi des journaux et de l'opposition d'alors. Je l'emprunte encore aux *Guêpes* :

«... Le prince de Joinville est envoyé en Afrique; les journaux annoncent que

c'est une vaine démonstration qui n'aura
aucun résultat. Selon ces tacticiens con-
sommés, il n'y a qu'une chose à faire pour
punir l'empereur de Maroc : c'est de bombarder Tanger. Mais ils savent qu'on ne
s'en avisera pas, l'Angleterre nous l'a
défendu. Cependant, c'était un coup im-
portant à frapper, c'était la seule chose à
faire dans l'intérêt de la France, etc., etc.
Et ainsi de suite pendant cent longues co-
lonnes.

» Voilà qu'un matin le canon des Invalides annonce, selon l'usage, que la princesse de Joinville est accouchée.

» Certes, si elle n'avait pas le malheur
d'être princesse, on s'intéresserait à la

situation de cette jeune étrangère, qui,
au milieu de l'enfantement, a à craindre
encore pour son mari, qui sans doute, en
ce moment, est exposé au canon et à la
mitraille.

» Mais les journaux s'indignent d'être
réveillés pour cela, et, prenant leur plus
belle ironie, ils s'écrient :

« A midi, le canon des Invalides est
» venu éveiller les Parisiens.

» On a cru à l'arrivée d'une grande et
» glorieuse nouvelle. On pensait que le gou-
» vernement de la paix partout et toujours
» avait compris l'urgence de se relever par
» quelque coup de vigueur.

» On parlait d'une victoire remportée

» sur les Marocains, de la prise de Tanger

» ou de Mogador.

» On a su, plus tard, qu'il s'agissait

» d'annoncer à la France que la princesse

» de Joinville venait d'accoucher d'une prin-

» cesse ! »

» C'est-à-dire, donc, journaux ! que, selon

vous, ce serait une grande et glorieuse

nouvelle qu'une victoire remportée sur les

Marocains ; c'est-à-dire, selon vous, que

le gouvernement se relèverait s'il avait

pris Tanger ou Mogador, et si on avait

remporté une victoire sur les Marocains.

» Est-ce tout ce que vous voulez ? Alors,

vous seriez contents et fiers ? Le gouver-

nement aurait fait ce qui, selon vous,

rait le plus grand et le plus glorieux?

» Eh bien, voici que précisément, ce
ur-là, et à vingt-quatre heures de dis-
nce, on apprend la nouvelle de deux
ictoires sur les Marocains : la bataille
'Isly et le bombardement de Tanger.

» Vous vous figurez peut-être que les
ournaux auront au moins l'esprit de
aire semblant d'avoir de la bonne foi?

» Vous ne les connaissez pas.

» Le bombardement de Tanger, une si
belle chose, si utile, si glorieuse, quand le
gouvernement ne la faisait pas, est bien
changé depuis.

» Écoutez les mêmes journaux :

» La canonnade de Tanger est une

» démonstration sans portée et sans résul-
» tats.

» On a risqué la démonstration de
» Tanger pour donner un semblant de
» satisfaction à l'opinion publique.

» Constatons la froideur et la méfiance
» avec laquelle l'opinion publique accueille
» ce vain simulacre de force et de résolution.

» Nous avions dit que l'Angleterre ne
» permettrait pas à nos marins de compléter
» leur victoire, etc. »

» Mais vous aviez dit surtout, mes pauvres carrés de papier, que l'Angleterre
ne permettrait pas de bombarder Tanger.

» Et si l'Angleterre avait défendu de bombarder Tanger, il n'est donc pas vrai que

la flotte française soit sous les ordres de l'Angleterre.

» Les journaux ne s'en sont pas tenus là.

» Un bruit a couru que le prince de Joinville avait commencé le feu contre Tanger sans attendre le retour du consul anglais. Ils ont alors crié à la barbarie, et Tanger est devenue une ville inoffensive, etc.

» Mais une seconde nouvelle est venue apprendre qu'au contraire le consul anglais était sur un vaisseau français pendant l'action :

« Nous le disions bien, s'écrient alors » les journaux, le consul anglais n'a pas » permis qu'on commençât le feu avant » son arrivée. »

» Mais, depuis qu'on a bombardé Tanger,
Tanger n'est plus qu'une ville inoffensive,
mal défendue, sans importance. Le bombardement est un vain simulacre. Mais
ce qui serait beau, ce qui serait glorieux,
ce serait de bombarder Mogador.

» Ah! voilà ce qu'il faudrait faire, mais
voilà ce qu'on ne fera pas : l'Angleterre
le défend.

» Cependant, comme la veine est mauvaise pour les journaux, voici qu'on apprend à Paris que le prince de Joinville
a bombardé et pris Mogador.

» C'était vraiment jouer de malheur.

» Après la prise de Tanger, le prince de
Joinville n'avait pas songé à envoyer aux

journaux un petit article pour leur rendre compte de ce qu'il avait fait ; il s'était
même permis d'écrire au ministre qu'il
n'avait pas le loisir, en ce moment, de
donner de grands détails.

» Colère des journaux, qui s'écrient :

» M. le prince de Joinville dit qu'il
» n'a pas le temps, par le dernier courrier,
» de rendre un compte détaillé de ce qu'il
» a fait devant Tanger, et qu'il profite d'un
» moment de loisir pour s'acquitter de ce
» devoir.

» On ne savait pas, jusqu'à présent,
» que le commandant d'une expédition
» maritime dût, après une opération im-
» portante, attendre un moment de loisir

pour rendre compte à ses chefs de la
manière dont il avait exécuté leurs ordres.
On se demande comment le prince de
Joinville, pendant les quatre jours qui
se sont écoulés depuis le 6 jusqu'au 10,
n'a pas trouvé un moment de loisir pour
ajouter quelques mots à la dépêche de
quatre lignes arrivée à Paris le 15. »

» En effet, M. le prince de Joinville
voudra bien dire à quoi il a passé son
temps pendant ces quatre jours, sinon
il aura affaire à eux.

» Mais le prince de Joinville, qui se bat
si bravement contre les Marocains, ne
s'expose pas de même à la colère des
journaux : il s'empresse d'écrire et de

donner le détail de l'emploi de son temps.

» Il espère que, cette fois, les journaux seront contents de lui.

» Vous demandez ce qu'il a fait? mais précisément ce que vous trouviez si grand, si glorieux ; ce que l'Angleterre avait si sévèrement défendu... Il a bombardé et pris Mogador ; il a, selon vous, vaincu à la fois les Africains et les Anglais.

» Ah bien, oui ! mais Mogador n'est plus rien qu'une bicoque ; ce n'est pas cela du tout qu'il fallait faire. Les journaux envoient un plan de campagne à la fois au prince de Joinville et au maréchal Bugeaud. Voici le plan de campagne copié textuellement, etc. » (Septembre 1844.)

4

« Les journaux de l'opposition, qui avaient
été si complétement absurdes et de si
mauvaise foi, au sujet de la bataille de
l'Isly et du bombardement de Tanger et
de Mogador, ont trouvé le secret d'aller
plus loin encore au sujet des drapeaux
envoyés par l'armée d'Afrique.

» Eh quoi ! « s'écrie l'un, » voilà donc ces
» drapeaux dont on a fait tant de bruit ! ils
» sont tout déchirés ! »

» Eh quoi ! « dit l'autre, » mais ils sont
» tout petits, ce sont de belles loques ! » (Octobre 1844.)

Je ne dirai pas ici toutes les causes qui
amenèrent la chute du gouvernement de
Juillet. Une des principales était que tous

les fonctionnaires, sans cesse menacés de voir,
par un changement de cabinet, de nouveaux
ministres arriver avec leurs complices et
leurs créatures, se tournaient d'avance vers
le soleil qui menaçait de se lever, et faisaient
comme les joueurs peu confiants, qui, à
la roulette, mettent leur pièce de cinq francs
à cheval sur quatre numéros.

Puis chaque ministre, avec sa horde,
entrant ou rentrant au pouvoir par une
brèche qu'il rebouchait bien ou mal quand
il était entré, la forteresse finit par n'avoir
plus que des murailles de terre, de *torchis*,
de papier.

Et, comme je l'ai déjà dit, les Français
sont tous de naissance sapeurs et démolis-

seurs, très-rarement maçons, presque jamais architectes.

A ce règne il faut reprocher le commencement du jeu acharné dans les affaires et la politique ; l'application de la *maxime* de M. Guizot disant à ses électeurs normands : « Enrichissez-vous ! » et la corruption non pas d'innocents immaculés, mais des gens qui voulaient être corrompus, madame Putiphar violée.

Enfin, le peuple français, ne pouvant plus supporter les *que* du monarque, fatigué de la monotonie de son bonheur, obtint de Jupiter qu'il remplaçât le bon soliveau.

« Donnez-nous, dit ce peuple, un roi qui se remue. »

Très-bien ! l'aigle de Jupiter, comme je le
disais tout à l'heure, vous couve un œuf de
grue qui ne va pas tarder à éclore,

> ..... Une grue
> Qui les croque qui les tue,
> Qui les gobe à son plaisir.

Louis-Philippe part comme un joueur
décavé, sans bruit, sans résistance, sans
répandre de sang, et va expier, par la mort
dans l'exil, les dix-huit années de prospérité
de la France.

Voici la République !

Le gendarme laisse passer dix personnes
et étend le bras.

Alors, les dépossédés vont se mettre à la
queue des mécontents ; les mécontents sont

4.

ceux qui, étant trois cent mille, n'ont pas eu une des quinze cents parts qu'on peut faire du gâteau.

Le peuple-roi, le grand peuple qui, cette fois, n'a pas laissé de cadavres sur les pavés, parce que Louis-Philippe n'a pas voulu de guerre civile et s'en est allé en fiacre, le peuple souverain se fâche ; la *classe laborieuse* avait cru, sur la foi de ses tribuns, qu'on ne travaillerait plus.

Il fait créer des ateliers de non-travail : des ateliers nationaux.

Un des plus incorrigibles émeutiers du règne de Louis-Philippe, Caussidière, est préfet de police ; à l'instant même, il découvre que le peuple-roi est fort mêlé,

il augmente le nombre des agents de police
pour défendre la société contre les « émeutiers, les gens sans aveu, les *caroubleurs*,
les voleurs, les grecs, les piliers de taverne,
les souteneurs de filles », etc.·

Lamartine, par son admirable courage et
sa suprême éloquence, que le danger ne fait
que grandir, maintient le peuple et fait chaque jour reculer l'émeute devant lui, l'é-
meute qui n'a plus d'autre digue.

Enfin, elle éclate. Cavaignac engage dans
Paris une terrible bataille. « Il a bien mérité
de la patrie. »

Une grande lueur !

A ce moment, on pourrait fonder une répu-
plique sévère, honnête, modérée, enfin la

république. Mais les ambitieux, les incapables d'un côté, les rusés, les politiques de l'autre, luttent contre lui.

Les premiers ont pour chef nominal M. Ledru-Rollin; et, dès les premiers jours, j'avais écrit à Lamartine :

« Il est déjà temps de défendre la république contre M. Ledru-Rollin. »

En effet, la république, Cavaignac président, serait, comme elle doit l'être, le règne inflexible de la loi, le gouvernement des meilleurs, choisis par tous, et ne leur laissant pas, au pouvoir, le temps de devenir mauvais. « A chacun selon sa capacité, à chaque capacité selon ses œuvres. » Les places, non à ceux qui ont besoin des places, mais à ceux dont les places ont besoin.

Alors, que deviendraient les avocats sans cause, les journalistes sans talent, les orateurs de taverne, les piliers d'estaminet, les forts au billard, les déclassés, les décavés, les fruits secs, ceux qui attendent la fortune en jouant au besigue, les « travailleurs », les fous du peuple, les martyrs de la police correctionnelle ?

— Cette république-là, disent-ils, il n'en faut pas ! plutôt tout que Cavaignac ! plutôt Bonaparte ! il nous servira à renverser Cavaignac.

Et les politiques, M. Thiers en tête, disent aussi : « Plutôt Bonaparte ! »

Car M. Thiers, qui devait se convertir
plus tard, ne pouvait aimer qu'une république dont il serait le président, et, alors,
il n'en avait aucune chance.

Un jour, à l'Assemblée, Antony Thouret
monte à la tribune; il avait une assez belle
tête, mais était devenu démesurément gros;
il dépassait et débordait la tribune de tous
les côtés. Il avait à faire une motion qui,
adoptée par l'Assemblée, aurait probablement changé les destinées de la France.
Cette motion avait pour but de rendre iné-
ligible le neveu de Napoléon Ier.

Il voulut, dans son exorde, rappeler ses
titres à la confiance d'une assemblée républicaine, parla de son long séjour en pri-

son, et dit : « J'ai bien souffert ! » Le contraste entre ces paroles et l'aspect de l'orateur excita un moment d'hilarité.

On se figure, en effet, l'homme qui a
beaucoup souffert, l'homme qui a passé de
longues années dans les prisons, maigre,
hâve, défait ; on ignore que la plupart des
prisonniers contractent un embonpoint œde-
mateux et maladif qui va jusqu'à l'obésité.

Néanmoins, Thouret exposa et développa
sa motion.

Louis-Napoléon Bonaparte monta à la
tribune après lui pour lui répondre. Je ne
l'ai vu que ce jour-là ; aussi je ne puis décider si son air gauche, son attitude roide,
embarrassée et maladroite, sa physionomie

atone, son œil sans regard étaient une comédie habilement jouée, à l'exemple de
Sixte-Quint, qui joua l'infirme et le décrépit
jusqu'à son élection, ou s'il devait ces conditions physiques non à l'art, mais à la nature. A ces dons — il faut se servir de cette
expression, puisqu'il en tira si bon parti —
il joignait le plus désagréable accent alsa-
cien qui se puisse imaginer.

J'ai quelquefois demandé à des gens
qui l'approchaient s'il avait en réalité cet
accent, mais je n'ai pu savoir tout à fait
la vérité : un empereur n'a pas d'accent ;
il en est de même de son visage, qui,
ainsi que celui de tous les souverains, va
graduellement se rectifiant et s'embellis-

sant sur les pièces de monnaie, déjà faites pour rendre agréable la figure, quelle qu'elle soit, qui y est frappée et empreinte.

Louis-Napoléon se plaignit « des injustes soupçons qu'on semblait s'opiniâtrer à concevoir contre lui » ; il n'avait aucune autre ambition que de servir la *Ripiplique*, et il renouvelait le serment de fidélité qu'il lui avait prêté.

C'était la première fois qu'il parlait à la Chambre ; la stupéfaction fut générale, et Thouret ne fit qu'exprimer la pensée de la plus grande partie de l'Assemblée, lorsque, remontant immédiatement à la tribune, il dit, avec un dédain qui fut très-applaudi, que, après ce que l'Assemblée venait de

5

voir et d'entendre, il reconnaissait que le danger qu'il avait redouté pour la Républi- que n'existait pas ; qu'en conséquence, il retirait sa motion.

L'Assemblée, en effet, vota l'ordre du jour à une grande majorité. Certes, ce n'était pas poli pour Louis-Napoléon, mais le rôle était bien joué, et il dut rire sous ses moustaches.

Le colonel de Foissy, cousin de Cavaignac, sortit avec moi de l'Assemblée ; c'était un homme de bon sens, très-dévoué et sans aucune ambition. Il me dit : « La République est f..... perdue ! » Ce mot me frappa, car je dois avouer à ma honte que j'avais partagé l'impression de la majorité de la Chambre. C'est ce même Foissy, dont il n'y eut pas besoin de reviser le grade, parce que, après le 2 décembre, il était encore colonel comme devant, qui m'écrivait, au moment de l'élection, quelques mots que j'ai retrouvés en feuilletant des papiers.

Cavaignac, obéissant à son fanatisme du devoir et de la probité, mal conseillé aussi par M. Dufaure, qui, dernier ministre de Cavaignac, devait faire partie du premier ministère de Louis-Napoléon, Cavaignac refusa de se laisser élire par l'Assemblée.

Plus clairvoyant, cette fois, que je ne l'avais été à la séance où Thouret avait présenté et retiré sa proposition, d'abord à Cavaignac que je ne pus convaincre, puis aux lecteurs du *Journal* que je publiais alors, et dont ce fut la dernière apparition, je prédis ce qui allait nécessairement arriver, et je m'en retournai à Sainte-Adresse.

C'est à cette occasion que Foissy m'écrivait :

« Adieu, cher monsieur ; je comprends votre départ, les honnêtes gens ne sont pas de force. C'est la vie de notre pays qui se joue en ce moment, et nos adversaires ont des cartes biseautées.

» Tout à vous.

» FOISSY. »

Louis-Napoléon Bonaparte est nommé président de la République ; M. Dufaure, le dernier ministre de Cavaignac, un de ceux qui ont l'habitude de parier des deux côtés, entre dans le premier ministère du prince-président, en même temps que Bixio le républicain.

« Quel homme ! quelle supériorité ! quelle énergie ! quelle persévérance ! Comme il avait admirablement conçu son plan, comme il l'a plus admirablement suivi ! il devait atteindre fatalement son but, etc. »

Voilà ce qu'on dit de Louis Bonaparte, lorsque, après le 2 décembre, il se déclara empereur des Français.

Voyons un peu :

Napoléon, prisonnier à Sainte-Hélène, y mourait en léguant la haine de l'Angleterre à sa famille, à ses partisans et à sa postérité.

Vous supposez Louis Bonaparte un de ces hommes généreusement doués, ayant reçu cette immense puissance de ne faire qu'une chose à la fois, de ne penser qu'à cette chose, et de conduire sa vie par un chemin droit, inflexible, ayant des montées et des descentes, mais point de sinuosités ; ralentissant quelquefois le pas, mais ne s'arrêtant et ne se reposant jamais ; ne voyant ni les fleurs ni les fruits des haies qui bordent le chemin, les yeux imperturbablement fixés sur le but.

Que devait-il faire alors ? penser à l'alliance bizarre de deux principes, dont l'un, le principe libéral et républicain, devait absorber l'autre, dont la durée était limitée à celle de la vie d'une famille et d'un certain nombre d'hommes.

Prendre une attitude sérieuse, studieuse, austère ; vivre dans la retraite, rechercher l'amitié des libéraux influents, afficher le préjugé national de la haine contre l'Angleterre et accepter le legs de l'empereur ; se montrer Français avec passion, se mêler aux manifestations libérales, aux souscriptions qui, sous divers prétextes, servaient à se compter, etc.

Loin de là : il mène une vie de plaisirs bruyants, s'entoure de compagnons d'amusement, et va demeurer en Angleterre, où il tâche, avec un succès médiocre, de se glisser dans les habitudes et les divertissements de l'aristocratie, de la *gentry* anglaise ; il se fait constable à propos d'une émeute, il joue un rôle d'histrion et de comparse au tournoi d'Eglington.

Il affiche une maîtresse anglaise.

C'était donner sa démission de Bonaparte et de Français.

Mais que lui importait ! il voulait s'amuser, et il s'amusait.

La révolution de juillet, faite aux cris bêtement mêlés de « Vive Napoléon et la liberté ! » amène le triomphe, non pas précisément des idées, mais du parti libéral, et le parti bonapartiste reste dans l'ombre.

Mais ses adversaires travaillaient pour

lui ; on ornait, on embellissait, on propa-
geait la légende et la mythologie napoléo-
niennes, sans penser qu'on n'en avait plus
besoin ; les écrivains, les poëtes « enivrés
du vin qu'ils avaient versé aux autres »,
continuent ce mensonge, de mêler le des-
potisme et la liberté.

Béranger, Victor Hugo, par leurs chan-
sons et leurs vers, M. Thiers par son
Histoire du Consulat et de l'Empire.

Celui-ci fait mieux, il fait décréter le
« retour des cendres ».

Pendant ce temps, Louis Bonaparte fait
ses deux tentatives d'insurrection armée,
sans plan, sans alliances, sans chance aucune, ne puisant la confiance que dans le

vin de Champagne. Ces deux échauffou-
rées finissent ridiculement.

Après la première, Louis-Napoléon, gracié
par Louis-Philippe, lui avait adressé des
remercîments écrits et un engagement de
respecter à l'avenir la tranquillité du pays.

Passons rapidement.

Quand, après 48, on choisit, pour rétablir l'ordre, un homme qui n'était connu
que par des tentatives de désordre opi-
niâtres et insensées, quand le prince Louis
est président de la République, qui fait
son élection? les bonapartistes? il n'y en
avait plus.

Son élection est faite par les légiti-
mistes, les orléanistes et les ultras des partis

républicains, les uns et les autres craignant l'installation de la république et
d'une république modérée, c'est-à-dire du-
rable si Cavaignac était élu, et pensant
ensuite qu'ils auraient bon marché de Napoléon.

M. Thiers était actionnaire du *Constitutionnel*, et y exerçait une grande influence.
Ce fut lui qui décida que *le Constitutionnel*,
ayant alors cinquante mille abonnés, c'est-à-
dire un million de lecteurs, appuierait la
candidature du prince Louis-Napoléon. Les
éloges prodigués au prince furent *tous* in-
spirés par M. Thiers. (Je parle avec les
preuves sous les yeux.)

Lorsque je dénonçai dans un journal

républicain les premières tentatives de corruption, ces revues passées en uniforme de
général, « ces caliges et ces bandelettes
blanches ne me disaient rien de bon[1] » ;
lorsque je demandais pourquoi le président
de la République ne donnait pas l'exemple de la soumission aux lois, et pourquoi on ne l'y contraignait pas ; pourquoi
on ne lui appliquait pas la peine édictée
pour usurpation de costume, de grade, de
fonctions, etc ,

Le Journal eut soin de mettre dans une
note que j'étais seul responsable des idées
que j'émettais.

---

1. Caligæ ejus et fasciæ cretatæ non placebant.
(Cicéron.)

Cette note fut répétée lorsque, plus tard, je demandai qu'on fixât, à l'avance, la pension de retraite du président de la République.

« En effet, disais-je, le temps de sa magistrature écoulé, le prince Louis n'aura pas de quoi dîner le lendemain.

» Il ne faut pas, disais-je, acculer un homme dont on a quelque raison de suspecter les intentions; il faut qu'il ait en perspective une situation honorable, suffisamment aisée, ou des dangers à affronter, au lieu de n'avoir que cette alternative : ou ne pas dîner, ou être empereur. »

Puis on proférait, à l'Assemblée et ailleurs, des menaces qui ne servaient qu'à l'avertir.

Ses ennemis l'obligèrent au coup d'État
et au crime du 2 décembre.

Suivons-le dans une autre circonstance
importante de sa vie ; vous le verrez encore oublier son rôle et n'obéir qu'à ses
passions, à ses caprices, à son amour du
plaisir.

Son mariage :

D'abord il essaye une alliance avec quelque famille régnante ou du moins prin-
cière. Il oublie les résultats du mariage
de son oncle avec une archiduchesse
d'Autriche.

Repoussé de partout, résigné à une
union bourgeoise, il devait, si ç'avait été
un homme capable de suivre une idée,

et de jouer son rôle jusqu'à la fin, aller prendre à Saint-Denis la fille d'un soldat.

Non, il prend tranquillement une étrangère, une Espagnole, une merveilleuse des salons de Paris, à cause de la couleur de ses cheveux, couleur qui commençait à être à la mode.

Quand les événements sont arrivés, on fait deux parts : on attribue les succès à la sagesse, et les revers à la trahison ou au « destin contraire ».

Après le 2 décembre, j'avais quitté la France. Depuis, dans deux circonstances différentes, le chef de l'État avait laissé paraître un désir de me voir, qui m'avait été communiqué par des personnes de son entourage. La première fois, je n'avais pas voulu comprendre ; la seconde, j'avais dit : « Il peut être fort bien à l'empereur d'oublier que j'ai fait tout le peu que j'ai pu pour qu'il ne fût ou ne restât ni président ni empereur ; mais, moi, je ne puis ni ne dois l'oublier. Je ne le verrai pas. »

Pendant le règne de Louis-Napoléon, j'ai dit tout ce que j'ai voulu dire, j'ai dit tout ce que j'ai pensé ; j'en ai été quitte pour deux procès, que j'ai gagnés. Quand je relis ce que j'écrivais alors, je reste surpris qu'on me l'ait laissé dire. Je crois qu'on n'y faisait pas attention. Je vis

clairement lorsque l'empire descendait l'autre versant de la route, et j'écrivais dans
les *Guêpes*, en 1870, parlant aux instigateurs
d'émeute :

« Prenez garde! nous n'avons plus qu'un
reste d'empereur ; vous casseriez tout et
vous ramèneriez un empereur tout neuf! »

Voici encore quelques lignes de ce que
j'écrivais en février 1870 sur le même
sujet : « La race des émeutiers de 1830
et de 1848 n'est plus représentée que par
quelques individualités peu nombreuses ;
ceux qui poussent le plus violemment et
le plus efficacement à l'émeute n'ont pas
le tempérament du métier : M. Rochefort
se trouve mal au moindre bruit dans la

rue, MM. Bancel et Gambetta sont délicats et maladifs. Il n'y a guère, dans les gens connus, que M. Flourens qui soit un spécimen de l'espèce.

(On voit que je ne me trompais guère ; on a pris M. Rochefort se sauvant. M. Bancel est mort de maladie. Mᶜ Gambetta fumait, pendant la bataille de Paris, des cigarettes sous les orangers de Saint-Sébastien. — M. Flourens s'est fait tuer sur les barricades.)

» S'il plaît au gouvernement de s'efforcer de se tromper lui-même, de se procurer au prix des plus grands efforts une fausse représentation du pays, cela est son affaire. Il ressemble à quelqu'un qui ten-

drait devant ses fenêtres des rideaux
roses qu'il n'ouvrirait jamais.

» Il lui paraîtrait toujours qu'il fait du
soleil dehors. Ça n'empêchera pas de pleu-
voir, ça ne l'empêchera pas d'être mouillé
à la première sortie.

» Il ressemble à un homme qui, ren-
fermé dans sa chambre bien chauffée, bien
hermétiquement fermée de portières et de
bourrelets, consulte de temps en temps un
thermomètre placé sur sa cheminée, et
jamais celui qui est en dehors de sa fenêtre,
et qui se dit : « Seize degrés au-dessus
» de zéro ; oh! la bonne, douce et agréable
» température ! ça doit être comme ça
» partout. »

» Ça n'empêchera pas de geler au
dehors ; ça ne l'empêchera pas d'avoir l'on-
glée et le nez rouge à ses premiers pas
autour de la maison. » (Avril 1869.)

« Le 26 octobre, l'empereur Napoléon a
dû se trouver mal à son aise ; je ne veux
pas chercher ce qui pouvait se passer dans
son esprit dans la prévision d'une émeute
et de ses résultats toujours incertains ;
je veux seulement dire que, se promenant
sur cette terrasse du bord de l'eau des
Tuileries, ne sachant que ce que lui avait dit
son entourage, c'est-à-dire ne sachant peut-
être rien ; songeant que, loin de là, dans
un faubourg, un coup de poing échangé
entre un passant et un sergent de ville

pouvait être le signal d'une bataille terrible et implacable, bataille dans laquelle
quatre-vingt mille hommes de troupes
étaient prêts peut-être à donner contre le
peuple parisien ; certes, il ne se devait pas
trouver à lui-même l'attitude et l'air de
« l'élu du suffrage universel », fondé,
appuyé sur l'expression de la volonté du
peuple, s'il a remarqué surtout que la terrasse des Tuileries est bien proche de
la fameuse fenêtre de Charles IX au
Louvre. » (7 novembre 1869.)

« Je hais un gouvernement fondé sur
le parjure, le guet-apens et la violence,
mais ce n'est pas à dire pour cela que
j'adore... Tiens, faisons, avec mon très-

petit reste de bonne humeur, un mot à l'exemple d'Aristophane :

» ... Ce n'est pas que j'adore ni accepte la *Moilingaillardbudaillecratie*.

» Hélas ! c'est sous le deuxième César qui nous gouverne, comme c'était, d'après Cicéron, sous le deuxième César romain : on voit bien avec qui on ne veut pas être, mais il est difficile de choisir avec qui marcher. » (14 novembre 1869.)

« Il n'y a plus rien à demander au suffrage qu'à l'expiration de la durée de la législature qui vient d'être élue ; le droit reste, l'usage seul est ajourné. Nous n'avons pas besoin tout à fait d'autant de patience qu'en conseille ce proverbe indien : « Gardez

» n'importe quoi pendant sept ans, et il
» viendra un jour où ça vous servira. »
(20 juin 1869.)

« Quel tohu-bohu ! La paix, on l'a vu
en Suisse, est une arme de guerre ; la
liberté, pour le grand nombre, est un
moyen, une échelle et non un but. Le
Français continue à ne savoir ni admirer, ni
aimer, ni mépriser ; il a des *engouements*
et des *passades*, et, de temps en temps,
il traverse la liberté, comme les clowns
traversent un rond de papier, en faisant
des cabrioles, avec cette différence que les
clowns retombent sur leurs pieds. » (14 novembre 1869).

« Il me semble assister à une grande

représentation de *la Tentation de saint Antoine.*

» Le diable tente à la fois et l'empereur actuel des Français et lesdits Français.

» L'empereur a près de son oreille droite un suppôt du seigneur Satanas, un démon de confiance, et, près de l'oreille gauche, une sorte de bon ange qui aurait dû être l'impératrice; mais ce n'est pas elle, puisqu'elle s'en va.

» Il entend de l'oreille gauche :

» — Mon bon, ça ne peut pas durer, ça ne peut pas aller comme ça; le peuple français veut de la liberté, il lui en faut donner, sous peine de chute.

» Mais on lui *corne* à l'oreille droite :

» — Mais malheureux, vous ne pouvez pas résister à la liberté et à la discussion.

» A gauche :

» — Essayez!... pour voir.

» A droite :

» — Essayez!... pour voir.

» L'empereur :

» — Essayons pour voir. » (17 octobre 1869.)

« Ne croyez pas, dit au Sénat de Rome l'envoyé des Privernates vaincus, que ni un peuple ni un seul homme reste dans une position qui l'afflige, plus longtemps qu'il n'y sera contraint par la force. » *Ne credideris ullum populum aut hominem*, etc. (Tite-Live.)

6

Et, au moment de la guerre, lorsque
M. de Girardin, se penchant hors de sa loge
à l'Opéra, criait : *A Berlin ! à Berlin ! les
Guêpes* disaient : « J'ai de mauvais pres-
sentiments, et, depuis quatre ou cinq jours,
je me bats les flancs pour me mettre
à la hauteur de l'enthousiasme guerrier
du moment; je me chante à moi-même
la Marseillaise; je tâche de me persuader
que c'est non-seulement de bras... coupés
et cassés que manque l'agriculture, mais
aussi de jambes brisées, de têtes fendues et
de cervelles éparpillées. Je me donne des
raisons pour qu'on fasse sur les deux rives
du Rhin un pendant aux ossuaires,
gracieux monuments que l'on est en train

d'élever à Solferino et à San-Martino. Eh
bien, ma propre éloquence me laisse, je
dois l'avouer, complétement froid.

» Je suis surtout frappé de cette
situation monstrueuse de trois grandes
nations soi-disant civilisées qui attendent
paisiblement ce que vont décider trois aven-
turiers pour que, à un signal qu'ils donne-
ront ou que donnera un des trois, un million d'hommes qui ne se connaissent
pas, qui ne se sont jamais vus, qui ne
se sont jamais rien fait, aillent se ruer
en fureur les uns contre les autres, s'échar-
per, se déchirer, s'enfoncer toute sorte
d'objets pointus dans la poitrine et dans le
ventre, jonchent mutuellement la terre de

.leurs membres et l'abreuvent de leur sang.

» J'écoute les avocats de la Chambre et les autres députés, j'écoute les sénateurs et les ministres, je lis les journalistes, et je me scandalise de ne pouvoir faire ma partie dans ces chants guerriers de gens, il est vrai, dont aucun n'a à prendre et ne prendra sa part des dangers, des souffrances et des massacres qu'ils provoquent.

» Tandis que l'on entend les dithyrambes des députés et des journalistes, on ne se préoccupe pas de ce que pensent et disent, avec moins de fracas, ce million d'hommes qui vont quitter leur famille et leurs champs, pour aller s'exposer aux privations, aux fatigues, aux blessures, à la mort sous les pieds des chevaux, sans savoir pourquoi, pour des intérêts qu'ils ne comprennent pas ; on ne pense pas au désespoir, aux pleurs, aux insomnies des femmes, des fiancées, des mères !

» Pour rester dans les temps modernes, les deux grandes époques guerrières, victorieuses, triomphantes, de notre histoire, sont le règne de Louis XIV et celui de Napoléon Bonaparte ; eh bien, ces deux règnes ont laissé la France ruinée comme finances, dépeuplée comme habitants, diminuée comme territoire.

» Donc, une grande victoire est un grand malheur, malheur un peu adouci, un peu déguisé surtout par la vanité, mais au-

6.

quel on ne doit pas s'exposer sans une ab-
solue nécessité.

» A propos de guerre, a-t-on remarqué
que cette recherche d'armes de précision à
longue portée semble avoir pour origine la
préoccupation de la *furia* et de la baïonnette
françaises? C'est, en effet, le Français qui
perdra le plus à cette nouvelle guerre. Il lui
faudra se faire un autre courage; il se le
fera, mais ça l'ennuiera.

» La fougue, la furie de l'attaque n'exis-
tent plus en face de gens qui, à cause de
la distance à parcourir pour les joindre et
de la rapidité du tir, ont le temps de vous
viser dix fois et de vous manquer neuf;
tandis qu'autrefois ils n'avaient qu'un ou

tout au plus deux coups à tirer à la hâte
pendant que vous accouriez sur eux.

» Cela s'applique aux Français ; ce que
j'ajoute s'applique à tous les soldats.

» L'air martial, le regard ardent, les
beaux plumets, les boutons bien astiqués,
la moustache terriblement couchée sur la
lèvre, ou triomphalement dressée vers les
sourcils ; les cols, les parements et les passe-
poils écarlates, tout cela ne servira plus à
rien. C'était bon quand on se battait de près,
cominus ; mais, aujourd'hui qu'on se battra
de si loin, *eminùs !*

» Au temps où nous sommes, avec les nou-
velles armes adoptées, personne ne peut
dire qu'il sache faire la guerre. La guerre,

en la considérant comme une science, les
volontés et les caprices du hasard étant réservés, bien entendu, est une science complétement nouvelle et inexpérimentée. Je dirai
encore : la nouvelle tactique que nécessitent
les armes de précision à grande portée, sem-
blerait imaginée contre certaines conditions
du tempérament de la bravoure française, de
cette « furie française », qui l'ont si souvent rendue victorieuse. »

Et *les Guêpes* disaient encore : « La guerre
est commencée ; la présence de l'empereur
à l'armée me cause de justes inquiétudes.

» L'empereur, restant à l'armée, — où c'est
s'exprimer avec convenance et réticence que
de dire qu'il est inutile, — trouve le moyen

de montrer un prodige presque aussi grand,
quoique contraire, à celui de Dieu, qui est
partout à la fois : c'est de n'être nulle part,
et d'être au même moment absent de partout.
Et qu'arrive-t-il? on s'y habitue, et quelques-
uns trouvent, pensent et disent que ça vaut
mieux comme cela.

» Mais ce malheureux empereur n'a donc
déjà plus un ami, que ceux qui l'entourent
ne lui laissent pas voir le triste ridicule de
la situation où il s'opiniâtre?

» Je l'ai dit bien des fois, c'est à leurs
adversaires que les rois doivent demander
la vérité, c'est d'eux seuls qu'ils peuvent
l'attendre.

» Que fait-il à l'armée ?

» Tout le monde est édifié et d'accord sur sa personnalité militaire. D'ailleurs, il n'obtiendrait même pas de justice en ce moment. Il ne veut, dit-on, revenir que victorieux; mais, l'ennemi vaincu et repoussé au delà du Rhin, lui ne serait pas victorieux; il était, de nom au moins, général en chef lorsque nos troupes ont été battues et ont trouvé leurs plus dangereux ennemis, et de terribles alliés des Prussiens, dans l'incapacité, l'étourderie, l'imprévoyance du commandement pendant la bataille, dans le mensonge, l'ignorance et la forfanterie du gouvernement avant la guerre.

» L'opinion lui laissera la responsabilité de la défaite et ne lui accordera pas sa part de la revanche, puisqu'une des conditions de cette revanche est son éloignement du commandement.

» Il ne peut être à l'armée qu'un obstacle, un empêchement, un danger; en effet, supposons, et c'est le seul rôle qui lui resterait, qu'il fût un sabreur comme Victor-Emmanuel, supposons que, entraîné par son ardeur, il se trouve entouré, ne faudra-t-il pas faire des sacrifices peut-être cruellement énormes pour le tirer de la mêlée?

» Et, quand sa présence à l'armée ne ferait qu'annuler, pour son service, un seul homme, quand lui et sa maison ne consommeraient que vingt bouchées de pain, dans une situation où nos soldats en ont manqué;

il vaudrait mieux qu'il ne fût pas à l'armée.

» Sait-il seulement ce que fait dire, injuste-
ment, j'en suis sûr, son opiniâtreté à rester
à l'armée avec son enfant ? Qu'il n'a confiance que dans l'armée ; que l'armée est
pour lui et pour son fils un asile et un refuge.

» Et à ceux qui disent cela, on voudrait,
je voudrais donner un démenti appuyé de
bonnes raisons : ces raisons, je ne les trouve
pas. »

*
* *

Avant la guerre, trois avocats qui s'étaient
posés comme adversaires « inflexibles » de

l'Empire, voyant l'empereur décidé à appuyer un peu à gauche, lui faisaient toute sorte d'agaceries, lui adressaient des sourires gracieux et prenaient des attitudes provoquantes d'odalisques ambitieuses.

C'étaient les maîtres Jules Favre; Gambetta, qui n'avait eu de cause que la défense de Baudin mort, qu'il avait fait condamner; Émile Ollivier, plus malin, s'était glissé par l'escalier de service derrière l'empereur et avait enlevé, escamoté le mouchoir dans la main du sultan. Alors, le malheureux empereur, dont les jours de puissance et de prospérité étaient comptés, trompé par ses ministres et leurs mensonges effrontés, se décida à une guerre où

7

il lui semblait qu'il n'avait qu'à se baisser
pour cueillir des palmes et des lauriers,
et on entreprit, sans alliés, sans armées,
sans vivres, sans armes, la guerre la plus
folle et la plus criminelle dont l'histoire
fasse mention !

A Sedan, il ne restait qu'une chose à
faire à l'empereur et à ses ministres : tous,
l'entourant, devaient se faire tuer avec lui.

Il se rendit avec toute son armée, —
soixante mille hommes !

*
* *

J'emprunte à un compte rendu du *Journal officiel* la comédie que voici (4 septembre) :

« M. GARNIER-PAGÈS. — Je me sens très à l'aise, Messieurs, pour vous parler, car je ne veux pas, quoi qu'il arrive, entrer au pouvoir. *J'y suis bien décidé ; je ne veux pas faire partie du gouvernement qui se fondera ; je l'ai dit à mes amis, et je n'irai pas à l'hôtel de ville. Je ne veux pas y aller.* Je ne *veux accepter aucun poste.* Mon âge, ma santé, m'éloignent d'un rôle actif. Je vous parle donc en désintéressé ; *je n'ai aucune ambition, aucune prétention.* Croyez-moi ; écoutez-moi : il y a des circonstances qu'il ne faut pas méconnaître. Nous touchons à un moment où il faut faire en quelque sorte abnégation de soi-même. J'apprends que plusieurs de mes collègues de la gauche

se sont dévoués, se sont rendus à l'hôtel
de ville ; ils y sont à l'heure qu'il est ; ils
s'efforcent, *au milieu des acclamations de la
foule*, de rétablir l'ordre. *Je ne crois pas
qu'ils veuillent s'emparer du pouvoir;* ils ont
été là uniquement pour exercer leur influence en faveur de l'ordre public, pour
éviter des rixes et des conflits. *La population les accueille*, mais ils n'exercent qu'un
pouvoir passager ; ils rendront possibles
nos délibérations prochaines. Ce soir,
sans doute, nous pourrons délibérer avec
eux. Écoutez un vieillard qui vous parle
avec conviction, qui 'n'a *aucune pensée
d'ambition personnelle. Je ne veux rien être*,
je vous le répète ; *je n'irai pas à l'hôtel*

de ville ; j'ai prévenu mes collègues ; je ne songe qu'à finir ma carrière dans le repos.

» M. E. DRÉOLLE. — Qu'un certain nombre d'entre nous soient nommés séance tenante et qu'ils se rendent immédiatement, en notre nom *(Très-bien ! C'est cela !)*, qu'ils se rendent à l'hôtel de ville pour s'entretenir avec nos collègues, et qu'ils reviennent nous rendre compte de la situation. *(Très-bien ! très-bien !)*

» M. GARNIER-PAGÈS. — Je crois que la proposition de notre collègue est sage. *Je m'offre à conduire les délégués que nommera la Chambre.*

» M. E. DRÉOLLE. — Pardon, monsieur

Garnier-Pagès, je n'ai pas dit *délégués!* Les mots ont ici leur valeur. Une délégation serait la reconnaissance d'un fait qui n'est peut-être pas accompli, que nous soupçonnons bien, mais que, dans tous les cas, nous ne reconnaissons pas !

» M. THIERS. — L'observation de M. Dréolle est très-juste. Ce sont des collègues allant à des collègues.

» M. GARNIER-PAGÈS. — *Bien que je me sois promis de ne pas mettre les pieds à* l'hôtel de ville, je consens à *accompagner la Commission.* Que M. Dréolle vienne avec moi !

» M. ESTANCELIN. — Maintenant, Messieurs, il faut revenir à la proposition de M. Dréolle et aller à l'hôtel de ville. Avec

le vote qui vient d'avoir lieu, il y a quelque
chose à faire.

» DES VOIX. — Oui! oui! Partez!

» M. GARNIER-PAGÈS. — *Je suis prêt à partir
avec mes collègues... J'accepte, mais sous la
réserve que je ne fais qu'accompagner mes
collègues.*

Une motion de M. Thiers est adoptée :

« Vu la *vacance du pouvoir*, la Chambre nomme une Commission de gouvernement et de défense nationale. Cette Commission est composée de cinq membres
choisis par le Corps législatif. Elle nommera
les ministres.

» Dès que les circonstances le permet-
tront, la nation sera appelée par une Assem-

blée constituante à se prononcer sur la forme de son gouvernement. »

Mais, pendant ce temps, neuf membres de l'Assemblée se nommaient eux-mêmes ; et, vingt-deux heures après, à huit heures du soir, MM. Jules Favre et Jules Simon viennent à une nouvelle séance.

« M. JULES FAVRE. — Le gouvernemen, provisoire se compose donc de MM. Arago, Crémieux, Jules Favre, Ferry, Gambetta, GARNIER-PAGÈS, Glais-Bizoin, Pelletan, Rochefort. Ce dernier ne sera pas le moins sage. »

*
* *

Je ne prétends pas faire l'histoire du gouvernement du 4 septembre et de la présidence de M. Thiers. Je vais prendre *passim*, çà et là, dans mes notes et mes souvenirs les faits et incidents qui m'ont le plus frappé, et les appréciations que j'en ai faites à mesure qu'ils se présentaient.

La république est déclarée. Voici comment beaucoup de gens comprenaient la république. Un paysan du petit pays que j'habite, séparé depuis longtemps de sa femme, revient dans la commune, va chez elle et lui dit :

— Nous sommes en république, nous sommes libres; je viens t'étrangler!

7.

On voit s'emparer de toutes les petites places des gens tarés, mais qui ont reçu « le baptême de la police correctionnelle ». Deux hommes, en ce moment en prison pour avoir crié : « Vive la Prusse ! » sont relâchés et nommés maire et adjoint.

L'Empire est tombé pour avoir fait une guerre follement criminelle, sans armée, sans munitions, sans plan, sans préparatifs ; le gouvernement de la défense nationale la continue avec moins d'armées, moins de munitions, moins de plan, moins de préparatifs.

Des amis d'estaminet, des gamins, compagnons subalternes des avocats de brasserie, sont nommés préfets, sous-préfets,

préposés à ceci, à cela, et évitent ainsi,
dans des places rétribuées, d'accompagner
les pauvres diables que l'on envoyait à la
mort sans vêtements, sans armes, sans
vivres, sans munitions.

*
* *

Le 3ᵉ conseil de guerre a eu à juger
un spécimen curieux du caractère français.

Ferdinand Cabin a exercé des fonctions
élevées pendant la Commune : il était
« intendant général à l'hôtel de ville » ;
accusé pour ce fait, il a pu établir aux
débats que, s'il a, à cette époque, dépensé

passablement d'argent à « s'amuser », —
c'était en effet le moment! — ç'a été surtout l'argent de sa mère, tenant un
restaurant à l'avenue d'Italie. Et le président du conseil, le colonel Dulac, re-
connaît qu'au point de vue de la probité,
l'accusé paraît irréprochable.

Des renseignements obtenus et des
témoignages apportés à l'audience, il
résulte que Cabin ne s'est jeté dans les
affaires publiques ni par avidité ni par un
sentiment de dévouement; son seul mobile,
comme l'a dit un des témoins, a été
« l'amour du galon ».

En effet, Cabin, en sa qualité d'intendant général, s'était adjugé un képi orné

de six galons d'argent et de trois étoiles,
— une constellation.

Mais tant de galons et d'étoiles ne tar-
dèrent pas à exciter l'envie : les frères
May, intendants divisionnaires, qui avaient
des prétentions exclusives aux trois étoiles,
le firent mettre en prison, où on l'oublia
quelque temps ; puis, un jour, il vint un magistrat de la Commune qui lui demanda :

— Pourquoi êtes-vous en prison ?

Cabin répondit :

— Je n'en sais rien.

— Ni moi non plus... Alors, allez-vous-en !

Cabin sortit de prison avec son képi,
ses six galons, mais avec deux étoiles
seulement : une étoile avait été sacrifiée

aux frères May, des gaillards qui ne
badinent pas sous le rapport des étoiles
qui leur sont dues, pour conjurer leurs
mauvais sentiments, en s'avouant usurpa-
teur d'étoiles.

Cabin, déchu d'une étoile, zodiaque
diminué, reprit tranquillement les fonctions
interrompues par son emprisonnement;
il se dit que deux étoiles, c'était encore
très-joli, qu'il y a beaucoup de gens qui
n'en portent pas du tout, et que ces deux
étoiles suffisaient encore pour exciter le
respect, l'admiration et, hélas! l'envie des
populations. C'est ce dernier sentiment qui
se manifesta le plus franchement, puisque
le pauvre Cabin fut dénoncé comme

s'étant livré à des vols, à des concussions, à des pillages dans l'exercice de ses fonctions ; accusation qui, au grand étonnement du président du conseil de guerre qui l'avoua, ne se trouva pas fondée ; il n'avait jamais, paraît-il, rien volé qu'une étoile, et aux frères May, et il l'avait rendue.

Cabin n'est pas un voleur ; il n'a fait de mal à personne pendant qu'il était dans les étoiles ; il a même rendu quelques services désintéressés à des négociants, qui viennent devant le conseil de guerre en rendre témoignage, et, la loi ne se prononçant pas sur l'usurpation d'étoiles, il est acquitté.

*
* *

Lyon.

— ..... A la déroute d'Héricourt,
dis-je.

Le préfet m'interrompit, et, d'un ton
assez rogue, il me dit :

— Monsieur, il n'y a pas eu de déroute à Héricourt.

Comme j'avais mes renseignements,
je continuai en reprenant :

— A la désastreuse déroute d'Héricourt, au moment où, sans ordre, sans
chefs, tout fuyait pêle-mêle; où plusieurs
conducteurs des canons, des caissons et

des voitures d'ambulance coupaient les
traits pour se sauver plus vite avec les
chevaux ; où d'autres passaient effarés, en
écrasant les soldats blessés ou exténués,
l'officier que je cherche ayant, à la suite
d'une congélation, contracté une sorte
d'hypertrophie du cœur qui lui causait des
suffocations et des défaillances subites,
fut renversé comme bien d'autres et
transporté par ses soldats dans une ferme
à Sainte-Marie.

» Il avait à peine eu le temps de reprendre connaissance lorsque la ferme fut
attaquée et incendiée par les Prussiens ; lui
et ceux qui se trouvaient là essayèrent
d'organiser une résistance, qui eut le ré-

sultat que voici : sur quinze cents, cent cinquante seulement survécurent à ce combat et se réfugièrent à Besançon, où mon homme est très-malade à l'hôpital.

» Je vais le chercher!

— Quant à aller d'ici à Besançon, me dit le préfet, je ne crois pas que cela soit possible.

— Pouvez-vous m'indiquer une autre voie?

— Non.

— Je vais chercher moi-même.

Je fus frappé, pendant les quelques instants que je passai dans le salon d'attente de la préfecture, à chacune des deux courtes visites que je fis à M. Chal-

lemel-Lacour, du singulier public qui y
était réuni.

Tous semblaient des marchands de
bric-à-brac, de lorgnettes, de parapluies
et de chaînes de sûreté; presque tous se
connaissaient entre eux, et, aux quelques
paroles qu'ils échangeaient à demi-voix,
je fus tellement édifié, que je dis au préfet,
en le quittant :

— Votre salon est plein de gens qui
veulent vous vendre quelque chose.

J'allai à l'intendance militaire. Là,
j'appris que, depuis quelques jours, huit
ou dix convois de blessés et de malades
avaient été amenés de Besançon à Lyon,
et les uns répartis dans divers hôpitaux,

ambulances, etc., de la ville, les autres dirigés sur le Midi; mais qu'on n'avait rien inscrit et qu'il n'existait aucun document.

Je me mis donc à parcourir et à fouiller les hôpitaux, les ambulances et les divers asiles consacrés à nos pauvres soldats, et, en même temps, à chercher le docteur Michel, médecin inspecteur des ambulances, qui pourrait probablement me donner quelques renseignements.

Mes recherches, parmi toutes ces douleurs, avaient été sans résultat, et j'avais toujours manqué le docteur Michel, lorsque j'appris par hasard qu'il logeait, comme moi, à l'hôtel *Collet*, et que probablement nous avions passé dix fois à côté l'un de l'autre.

Il mit très-obligeamment ce qu'il savait à ma disposition, confirma le désordre et l'incurie qui avaient présidé à la réception des blessés et des malades.

— Un dernier train, me dit-il, parti de Besançon, a été attaqué sur la route par les Prussiens; il y a eu, croit-on, beaucoup de tués, de blessés et de prisonniers. Quelques-uns, dit-on, ont réussi à s'enfuir. Celui que vous cherchez était-il dans ce train? est-il resté à Besançon, d'où il n'est plus sorti? a-t-il été envoyé dans le Midi?

— Je veux aller à Besançon.

— Ça n'est peut-être pas tout à fait impossible. Mais, pour avoir quelque chances, il faut faire le tour par la Suisse.

— Je partirai demain pour Genève.

Pendant mes courses multipliées à travers la ville, j'avais remarqué plusieurs fois un drapeau rouge sur un bâtiment que je supposais être l'hôtel de ville.

Et je m'étonnais !

Personne n'ignore quels troubles et surtout quelles légitimes inquiétudes ont ému la ville de Lyon, depuis que deux drapeaux flottent sur les édifices pour rappeler sans cesse que la ville est divisée en deux partis, qui, à chaque instant, peuvent en venir aux mains.

On avait reculé devant l'emploi de la force pour faire disparaître le drapeau rouge, qui, ne rappelant que les plus mauvais jours de notre histoire, est le drapeau de l'insurrection contre les lois, contre la liberté, contre l'humanité.

Mais avait eu lieu l'horrible assassinat du commandant Arnaud, crime d'autant plus épouvantable qu'il avait été accompagné d'un simulacre ou plutôt de la parodie des formes de la justice; qu'il s'était perpétré en plein jour, marquant d'une tache ineffaçable et les scélérats qui l'avaient commis et les lâches qui l'avaient regardé commettre.

Au milieu de l'épouvante et de l'indignation presque générales, M⁰ Gambetta était venu à Lyon. A ce moment, c'était à qui protesterait contre un pareil forfait, à qui répudierait la moindre apparence de solidarité avec les assassins, à qui se placerait le plus loin d'eux.

Si M⁰ Gambetta avait ordonné d'enlever le drapeau rouge, il ne se fût pas trouvé une seule personne qui eût osé s'opposer à cet enlèvement.

En 1848, à Paris, Lamartine avait, en quelques mots de sa parole éloquente, fait rentrer ce drapeau rouge sous les pavés.

M⁰ Gambetta se contenta de faire un long discours, composé de grands mots, et passa outre pour aller faire des discours ailleurs.

Est-ce lâcheté? Est-ce criminelle condes-
cendance?

Je défendrai Me Gambetta de la première accusation, en constatant qu'il eût
pu faire son devoir sans danger. Mais alors
il faut admettre la seconde, en reconnais-
sant qu'il ne voulait pas perdre l'appoint
et l'appui de la plus vile populace.

J'arrive à Genève juste au moment où
l'armée de l'Est se jetait en Suisse. Bourbaki, désespéré de son insuccès, mais plus
encore, m'ont assuré plusieurs de ses officiers, des tracasseries et de l'outrecuidance
de Me Gambetta, qui, copiant une fois de
plus les lithographies de 92, avait mis au-

8

près de lui je ne sais quel commissaire, essaye, sans même réussir en cela, de se brûler la cervelle ; acte de folie sans excuse, car, s'il voulait mourir, rien ne l'empêchait de monter à cheval, de se ruer sur les Prussiens et de débarrasser la France de quelques-uns de ses ennemis avant de tomber lui-même.

En même temps arrivait la nouvelle de la capitulation de Paris et de l'armistice qui en était la suite ; le hasard m'avait fait arriver malade à l'hôtel de la *Métropole.*

Là, un certain nombre de Français fugitifs de Paris étaient venus abriter leurs précieuses personnes, et se consolaient des malheurs de leur patrie en écoutant de la musique et en dansant.

Ce sont ceux-là qui se montrèrent indignés de la capitulation de Paris !

Ils ne comprenaient pas qu'on n'eût pas poussé la résistance jusqu'aux dernières extrémités.

Selon eux, les Parisiens n'étaient pas pardonnables de ne s'être pas ensevelis sous les ruines de leur capitale.

Puis, ayant encore plus besoin de consolations qu'auparavant, ils se remirent à écouter de la musique et à danser.

.....Qui s'amusera, si ce n'est le malheur ?

Les grandes ambitions des petits hommes

et les grosses phrases des avocats doivent occuper, dans les causes et surtout dans la prolongation et la persistance de nos calamités, une place égale à celle des folies et des crimes de l'Empire.

*
* *

PARENTHÈSE

Où il est un peu longuement

mais très-utilement question des avocats.

Il y a plus de trente ans que, voyant envahir par les avocats et les bancs des assemblées politiques et surtout les places, les

influences et les ministères ; voyant les avocats s'imposer au pays, comme la caste des
brahmines aux Indes, j'ai dit et redit hautement une incontestable vérité :

« Un homme, par cela seul qu'il est avocat,
est impropre à la direction des affaires du
pays, et en doit être écarté systématique-
ment. »

En effet, tout avocat, après dix ans d'exercice de sa profession, a plaidé presque toutes
les questions dans leurs sens les plus divers
et les plus contraires.

A cette vieille rengaine qui appelle l'a-
vocat « le défenseur de la veuve et de
l'orphelin », j'ai répondu que, « en face de
l'avocat qui défend la veuve et l'orphelin,

8.

il y a toujours un autre avocat qui les
attaque, et sans lequel il n'y aurait pas à
les défendre ».

Sans compter quelques cas exception-
nels,

L'avocat C... D....... était un vieux malin
Qui défendait la veuve... et faisait l'orphelin.

A la fin de tout procès, il y a toujours un
avocat qui, le jugement prononcé, se trouve
avoir soutenu le mensonge, l'injustice, le
vol et les crimes de tout genre, et, comme
tout avocat a perdu et gagné des causes, il
arrive que tout avocat a joué un certain
nombre de fois ce rôle fâcheux et que, à

force de s'ingénier à égarer l'esprit des jurés

et des juges, les avocats finissent par fausser

et oblitérer leur propre jugement, et de-

viennent incapables de discerner, même de

bonne foi, par des principes sérieux, le juste

de l'injuste et le vrai du faux.

Cicéron, certes, n'est pas suspect de mal-

veillance contre les avocats et les orateurs

de profession, et cependant voici le portrait

qu'il fait de l'orateur de profession élevé au

sommet de son art :

« S'il se rencontre un homme — *sin aliquis*

extiterit, etc. — qui puisse, comme Carnéades,

soutenir le pour et le contre sur toute sorte

de sujets, prononcer, dans la même cause,

deux plaidoyers contradictoires, voilà le véritable, le parfait, le seul orateur. — *Is verus, is perfectus, is solus orator* [1] . »

Ajoutez à ce portrait deux ou trois touches empruntées au même. Cicéron.

Un des personnages des *Dialogues de l'Orateur*, Antoine, donne comme précepte et comme exemple, et sans que personne des interlocuteurs le réfute ou du moins le combatte, que, chargé de la plus mauvaise cause, il la gagna cependant contre Sulpicius ; et

---

1. *De Oratore*, lib. III. — Carnéades, envoyé en ambassade à Rome par les Athéniens, fit, devant Galba et Caton le Censeur, les deux plus grands orateurs de ce temps, le plus magnifique éloge de la justice, et, le lendemain, fit un discours non moins éloquent dans le sens contraire. (Lactance.)

Le cardinal du Perron, après un discours pour prouver l'existence de Dieu, offrit à Henri IV de prouver que Dieu n'existait pas. Henri le fit chasser

il enseigne comment il faut procéder en ce
cas :

« Je pouvais à peine, dit-il, sans manquer
à toutes les bienséances, moi qui avais été
censeur, prendre la défense d'un séditieux
coupable de cruauté envers un personnage
consulaire accablé par le malheur... Dans
un cas pareil, il ne s'agit plus d'éclairer le
juge, il faut, au contraire, porter le trouble
dans son âme...

» Quand je suis chargé d'une cause dou-
teuse, et où je vois que je ne pourrai agir sur
l'esprit des juges par la conviction, j'emploie
tous mes efforts à deviner l'opinion, les sentiments des juges, ce qu'ils peuvent désirer
ou craindre. »

Et puis, dans un autre ordre d'idées :

« C. Gracchus faisait cacher derrière lui, lorsqu'il parlait en public, un musicien qui lui donnait rapidement le ton, le diapason, sur une flûte d'ivoire, pour relever sa voix, si elle venait à tomber ou pour la ramener après quelque éclat... »

Démosthènes disait que la principale qualité de l'orateur, c'était l'action.

Qu'est-ce donc que l'action ?

Cicéron va nous le dire par la bouche d'un des interlocuteurs qu'il met en scène :

« C'est l'art de peindre tous les sentiments par l'attitude, les gestes, les intonations de la voix. »

Et il reproche à certains orateurs de

laisser surpasser dans cet art par certains comédiens.

« Point de mouvements dans les doigts. Que le buste conserve son aplomb, et, selon que le débit est calme ou véhément, que le bras se projette en avant ou s'arrête replié... »

Plus loin, il recommande l'emploi des syllabes brèves ou longues dans telle ou telle circonstance.

Selon Éphon, les trois brèves qui suivent la longue dans le *péon* et les deux brèves qui la suivent dans le *dactyle* font couler le discours sur une pente douce, tandis que le *spondée*, avec ses deux longues, rend la phrase traînante, et que le *tribraque*, dont les trois syllabes sont brèves, lui imprime un mouvement trop précipité.

La voix, à la fin d'une période, aime à se reposer sur une syllabe longue *(Cicéron à Brutus)*, etc., etc.

Un vieux magistrat disait :

« Rien n'est si clair et si facile à juger que la plupart des causes sur l'exposé des faits ; rien de si embrouillé et de si difficile que la même cause après que les avocats ont parlé. »

Notez bien que tout ce que je cite ici, je l'emprunte aux écrits ayant pour but avoué l'éloge et l'exaltation de l'orateur. Et ne croyez pas que les idées modernes soient sur ce point différentes des idées des anciens.

Il m'est tombé l'autre jour sous les yeux un
écrit de M. Marc Dufraisse, avocat comme
Cicéron, et dans l'occasion homme politique
comme lui, un de ces préfets qui ont ajouté
de nouveaux et singuliers perfectionnements
aux candidatures si amèrement et si justement reprochées à l'Empire, en se nommant
eux-mêmes députés.

Dans cet écrit, M. Marc Dufraisse donne
Mirabeau comme un grand et sublime
orateur.

Mais, sans s'en apercevoir, il en fait une
sorte d'histrion de mauvaise foi, en répétant
qu'il « n'était jamais plus éloquent que lorsqu'il ne sentait pas ou ne pensait pas un
mot de ce qu'il disait ».

Il ajoute qu'il trahissait très-probablement la république et s'était vendu à la
monarchie ;

Mais que, cependant, « il ne prendrait pas
sur lui de le condamner, tant il a d'admiration pour l'éloquence ».

Et il termine en conseillant aux peuples,
« sous peine de mort, d'aimer et d'admirer
leurs orateurs ».

Jolie morale ! et rare bon sens !

Les avocats, à force de pratiquer l'art
d'abuser de la parole, finissent par se tromper eux-mêmes, croient à leurs propres
paroles et s'enivrent du vin qu'ils servent
aux autres.

Quand Jules Favre a dit à la tribune :

« Nous avons fait le serment de mourir tous jusqu'au dernier. »

C'était une phrase à effet. Mais ne croyez pas un moment que celui qui la prononçait crût engager ni lui-même ni ceux au nom desquels il parlait, au delà de la phrase exécutée.

Comme un chanteur qui a chanté :

Amis, secondez ma vaillance!...

ne se croit pas forcé, dans la coulisse, ou la toile une fois baissée, d'aller à la tranchée et de combattre les ennemis ; la représentation est finie : il rentre tranquillement souper et se coucher.

De même, c'est sans s'être renseigné le

moins du monde, sur les forces en hommes,
en armes, en argent, et surtout sur l'élan
patriotique du pays que Me Jules Favre a
prononcé, à tout hasard, sa fameuse phrase :

« Pas un pouce de notre territoire, pas
une pierre, etc. »,

Cette phrase qui a amené la continuation
désastreuse de la guerre, pour nous livrer
épuisés et désarmés à un ennemi qui alors
pouvait encore nous respecter.

Alors, Me Gambetta a voulu faire aussi
une belle phrase et il a dit :

« Faisons un pacte avec la victoire ou
avec la mort ! »

Phrase qui n'engageait non plus à rien,
car Me Gambetta, déjà obligé de se faire

tuer par la promesse solennelle faite par
Me Favre, au nom de tout le gouvernement,
s'engageait une seconde fois, mais a cru
comme les autres qu'on pouvait remettre
indéfiniment l'échéance de cette double
promesse, comme celle des effets de commerce.

Il n'est pas venu à l'esprit de ces messieurs, presque tous avocats, que, pour que
ces grosses phrases ne devinssent pas ridi-
cules, il eût été décent, si ça leur paraissait
dur de se faire tuer « jusqu'au dernier »,
qu'au moins un d'entre eux, désigné par le
sort, fît ce qu'ont fait tant de pauvres diables
sacrifiés par leur ambition et leurs phrases
creuses, c'est-à-dire marchât résolûment au-

devant de l'artillerie prussienne. Ça n'aurait
pas été, selon leur engagement, « tous
jusqu'au dernier », mais enfin on aurait vu
un . peu de bonne volonté et peut-être leur
eût-on fait grâce du reste. .

Mais, pas un instant, un seul ne s'est cru
lié et obligé par ces phrases. Elles ont produit leur effet comme phrases, et tout est
dit.

Exactement semblables aux danseurs de
l'Opéra ; l'un fait la pirouette, puis sur le
devant de la scène, les bras arrondis, le haut
du corps penché en avant, dessinant de ses
yeux et de ses lèvres, également enluminés,
un sourire postiche, il attend les applaudis-
sements. L'autre, de son côté, essaye de faire

un tour de plus que son rival, s'élance sur la pointe du pied, puis, prenant exactement la même attitude, simulant le même sourire, s'incline devant le public et attend le juste prix de sa belle pirouette.

J'indiquerai sommairement, pour ne pas prolonger outre mesure cette parenthèse, deux autres inconvénients de la présence si ridiculement multipliée des avocats dans les assemblées politiques.

Le public s'accoutume à exiger, de tout représentant qui prend la parole, cette faconde, le plus souvent filandreuse et creuse, qui consiste à parler longtemps sans s'arrêter.

Et, pour ne parler que du très-petit nombre de ceux qui ont un véritable talent de

parole, c'est dénaturer, d'une façon très-nui-
sible aux intérêts du pays, le rôle d'une
assemblée de représentants, que d'en faire
une succursale et quelquefois une antichambre de l'Académie.

J'ai vu des gens très-sensés, très-braves
et ayant à émettre des opinions du plus grand
intérêt, ne pas oser traverser l'Assemblée,
monter à la tribune et prendre la parole,
parce qu'il leur manque ce que possède le
plus infime avocat, le dernier des *l'Intimé,*
des *Petit-Jean* et des *Chicaneau.*

Eh bien, une assemblée réelle des représentants du pays doit renfermer dans son
sein des penseurs, des ouvriers, des savants,
des ignorants, des praticiens, des spécialistes,

qui peuvent arriver à la perfection de leur
art ou de leur métier sans être orateurs, et
dont les avis et les opinions librement exprimés importent fort au pays et doivent
être exprimés, fût-ce en patois.

J'avais un moment, en 1848, obtenu la
suppression de la tribune, et j'aurais rendu là
un véritable service à mon pays, si cette
suppression avait été maintenue.

Voilà le premier inconvénient.

Le second est que les avocats, dans l'exercice de leur profession, selon le hasard des
causes qui leur échoient, accoutumés à nier
tour à tour les vérités les plus évidentes,
à affirmer les assertions les plus insoutena-
bles, se prodiguent les démentis, les insi-

9.

nuations, les accusations même les plus
offensantes, sans se blesser et s'offenser plus
qu'Agamemnon et Achille ne se ressentent,
dans les coulisses et la toile tombée, des
bravades et des provocations qu'ils ont
échangées sur la scène :

Je ne dis plus qu'un mot, c'est à vous de m'entendre !

Un des avocats, en effet, nie la vérité et
affirme le mensonge, mais c'est à l'autre que
demain incombera le même rôle, et, n'en
étant honteux ni l'un ni l'autre, ils ne se
blessent pas de se l'entendre reprocher.

Ces mœurs et ces habitudes, portées aux
Chambres par MM. les avocats qui les
encombrent, ont abaissé le diapason et le

ton de la discussion politique, et lui ont enlevé beaucoup de noblesse et même de décence.

Fermons la parenthèse.

*
* *

Me voici à Genève.

Retenu vingt-quatre heures par un violent accès de fièvre, je pars pour Lausanne. En route, je me trompe de wagon. Dans celui où je monte par erreur, je fais une heureuse rencontre, J. Mathey, que j'avais connu au Havre, il y a bien longtemps.

— Où allez-vous ?

— A Neuchatel.

— Vous n'y trouverez pas de logement.

— Mais je compte n'y passer qu'une nuit, et aller à Besançon.

— Cette nuit, vous la passeriez dans la rue, si je ne vous recommandais à un autre J. Mathey.

— Votre parent ?

— Non ; mon ami.

— Et pourquoi n'y trouverais-je pas, seul, une chambre et un lit, au besoin même un fauteui ?

— Parce que l'armée de Bourbaki, en déroute, entre en Suisse par Verrières ; que 83,000 hommes, ça tient de la place, sans compter une partie de l'armée fédérale levée pour le cas où les Prussiens voudraient poursuivre les Français sur le territoire neutre.

En effet, je cherche et trouve à Neuchatel l'autre J. Mathey, que je prie de me procurer une chambre.

— Il n'y en a qu'une dans Neuchatel, me dit-il, et c'est celle où vous êtes.

Il y a des gens si naturellement bons, qu'on sent qu'en acceptant leurs services on les oblige et on les comble de joie.

La gracieuse madame Mathey me dit :

— Ne vous inquiétez pas si vous entendez aller et venir cette nuit : c'est que nos grandes chaudières vont travailler à faire pour les pauvres soldats français de la soupe et du café que, dès le jour, nous irons leur porter.

— Mais je veux aller avec vous.

Je fais chercher dans la ville ce qu'on peut se procurer de cigares, et, dès l'aube, madame Mathey, une jeune parente, et sa fille, — une aimable enfant qui a fait les plus magnifiques promesses d'application pour être de la partie, — nous partons, chargés de marmites, de cafetières, de pain, etc.

Neuchatel, comme la plupart des villes de Suisse, n'a pas de palais. On n'y trouve, en fait de grands bâtiments, que les églises et les écoles.

On ouvre les écoles et les églises aux blessés ; tous sont malades, harassés, épuisés.

Les cours des écoles seront suspendus ; mais les enfants ne perdront pas leur temps ; ils apprendront à être bons, charitables, généreux. Il n'y aura pas de messe et de service divin pendant quelque temps. Dieu acceptera volontiers, en compensation, ces blessés, ces malades, ces malheureux abrités, soignés, nourris, secourus, consolés.

Sur la route, nous rencontrons d'autres jeunes femmes, également chargées de marmites. Toutes se saluent d'un regard affectueux de complicité. Je ne sais si quelques-unes avaient besoin d'être embellies par cette auréole de charité; mais toutes semblent si heureuses du bien qu'elles vont faire, leur démarche est si leste, si légère, leur sourire si doux, leur visage si illuminé de bonté! Ah! chères femmes, comme cela vous va bien et comme vous êtes charmantes!

Nous entrons dans celui des asiles qui nous est échu.

Comme la grâce ajoute à la charité! Rien de ravissant comme de voir ces jeunes femmes, au milieu de ces soldats hâves, déguenillés, farouches, exercer immédiatement une douce autorité de mère. Elles les font ranger en ordre pour n'oublier personne; elles partagent et distribuent avec une intelligente sollicitude.

— Qu'avez-vous, mon ami? Allons, voici ce qu'il vous faut.

Ceci est pour ceux qui ont telle maladie, et cela pour ceux qui ont telle autre.

Je parle à mes pauvres Français; j'essaye de leur donner l'espérance de la gué-

rison, de la paix, du retour dans la patrie et dans la famille. Mais je suis si
ému, à la fois de tant de misère et de
tant de bonté, que je sens ma voix rendue
sourde par les larmes qui veulent sortir de
mon cœur.

Et les plus pauvres veulent donner. Quelques gens, qui évidemment ont pris sur leurs
propres besoins, apportent un peu de pain
et de fromage; des enfants donnent la
pomme de leur déjeuner et grignotent
joyeusement leur pain sec.

Ah! grande patrie sur une petite terre!
sage et heureuse Suisse, tu as compris que
la vraie grandeur n'est pas dans la largeur
du territoire!

A Neuchatel, je reçois une lettre qui change tout. Mon jeune ami faisait partie de ce convoi de blessés et de malades dont m'avait parlé le docteur Michel, et qui a été mitraillé et décimé à Byans, sur la route de Besançon à Lyon, et il a échappé à la mort. Mais il est prisonnier.

Je ne vais donc plus à Besançon, mais à Byans ; ce n'est plus tout à fait la même chose.

Besançon est occupée par les Français, investie, il est vrai, mais de loin et assez négligemment par les Prussiens.

Byans est au centre de l'occupation prussienne. On n'y peut arriver qu'en passant par Pontarlier, qui est au pouvoir de l'en-

nemi et en traversant tout un pays qu'il a
envahi.

Il faut se procurer un laissez-passer pour
entrer à Pontarlier, en désirant que les
avant-postes et les sentinelles me laissent,
sans tirer, approcher d'elles pour l'exhiber.
Il faut aller à Berne demander ce laissez-
passer au lieutenant général comte de
Rœder.

M. de Rœder me reçoit fort poliment, me
donne le laissez-passer demandé, et, après
quelques instants de conversation, sort un
moment de son salon et revient en me donnant une de ses cartes, sur laquelle il a
écrit : *Recommandé par le lieutenant général
comte de Rœder*.

— Ne perdez pas cela, me dit-il; ça peut vous servir. On ne sait pas ce qui peut arriver dans un voyage comme celui que vous allez faire.

Je m'adresse ensuite au général Herzog, commandant en chef des troupes de la confédération suisse. Il me faut un mot, en ce moment de trouble, pour sortir de la Suisse par Verrières et y rentrer par la même voie.

Là, je suis frappé de la simplicité des rouages d'un gouvernement réellement et sincèrement républicain.

Devant moi déjà, il signe l'ordre de licencier plusieurs corps. L'entrée des Français en Suisse se fait régulièrement; les Prussiens ont renoncé à inquiéter leur retraite; les troupes suisses, convoquées et mises sur pied en quelques heures, sont licenciées en quelques minutes. Aussitôt que tel ou tel corps n'est plus indispensable, on le renvoie chez lui.

C'est que, en Suisse, tout le monde, sans exception, est soldat, et soldat exercé dès l'enfance et toujours tenu en haleine. Mais aussi personne n'est seulement soldat, personne n'est soldat de profession. Tout citoyen est prêt à s'armer pour la défense du pays, mais aucun n'est au service d'une ambition particulière. Chacun retourne à son métier, à ses affaires, à ses loisirs, à l'instant même où son concours n'est plus indispensable.

Tandis que, dans les armées permanentes des monarchies, — armées dont le prétexte est la défense, la gloire (?) ou l'élargissement du pays (comme si tous ces monarques n'en avaient pas cent fois plus qu'ils n'en peuvent gouverner!), mais la cause réelle son oppression, — le soldat, en temps de paix, passe bêtement sa vie au cabaret ou au café, selon son grade; et, là, se corrompent et s'abrutissent nécessairement, dans une oisiveté exaspérée par l'absinthe, les meilleurs naturels et les intelligences les plus distinguées.

Le général Herzog se plaint de quelques entraves que met, à l'agencement des secours et à l'installation des troupes, l'étourderie de quelques officiers français, et, en quittant

Berne, je donne à *l'Helvétie* quelques lignes qui répondent en même temps à divers faits qui affligent, scandalisent et irritent presque ces bons Suisses :

Beaucoup trop d'ambulanciers, gras, fleuris, luisants de santé.

On affirme que beaucoup de ces messieurs, ainsi que quelques médecins, ont été engagés à donner leurs soins aux blessés et aux malades, et l'armée à peu près entière peut être rangée dans ces deux classes, tant tous sont fatigués, épuisés par le froid, par la faim, par les misères de tout genre, et ils auraient répendu qu'une fois en Suisse, ça ne les regardait plus.

Le plus grand nombre des officiers quit-

tent leurs soldats en les abandonnant à
la charité suisse; beaucoup d'entre eux se
promènent dans les rues, vêtus de neuf,
propres, coquets, brossés, serrés à la taille
à faire saillir les hanches; on en signale
un qui vient d'entrer chez une mercière de
Neuchatel, et y a acheté une paire de gants
de cinq francs.

On me raconte qu'à l'instant même, un de
ces messieurs, propret, tiré à quatre épingles,
a abordé des dames de la ville qui venaient
de porter des secours dans une église trans-
formée en hospice, et qu'il leur a dit :

— Comment, mesdames, vous êtes en-
trées là-dedans?... Les pauvres diables sont
bien sales !

Et il portait un regard de complaisance sur son pantalon immaculé.

On lui tourna le dos.

Comment ces malheureux ne comprennent-ils pas que la seule parure honnête, la seule coquetterie permise, ç'aurait été d'être plus déguenillés que les soldats, pour faire voir qu'on aurait partagé leurs souffrances ? Je conçois à la rigueur, un officier honteux de ses vêtements propres et intacts, les salissant, les lacérant par respect humain.

On remarquait aussi beaucoup trop de fourgons remplis par les coffres des officiers, tandis que les fourgons de vivres pour les soldats avaient été presque toujours en retard, souvent de deux jours, quelquefois de

10

trois jours, qu'ils avaient passés sans manger, tandis que les voitures des ambulanciers ne manquaient d'aucunes provisions.

J'ai parcouru le plus grand nombre des asiles ouverts à Neuchatel, et je n'y ai vu ni ambulanciers ni officiers auprès des blessés et des malades. Ce spectacle a tellement augmenté mon affliction, que j'ai prié, en partant, J. Mathey de surveiller et de me désigner les exceptions à cette déplorable conduite.

Je reçois aujourd'hui sa réponse à Saint-Raphaël :

« ... Au-dessus de tout éloge :

» M. Émile Pagès, lieutenant d'un régiment de marche. Cet officier est resté avec ses camarades soldats à l'ambulance, sur la paille,

refusant avec simplicité toutes les invitations
en ville et dans les maisons particulières,
où l'on se serait disputé l'honneur de lui
donner un logement.

» Le docteur F. Sédan, secrétaire du médecin en chef de la première armée de la Loire.
C'est le premier des chirurgiens français qui
se soit offert pour les ambulances en ville.

» Tous les officiers du 92e de ligne accom-
pagnaient leurs hommes et ont pris soin
d'eux et de leur cantonnement.

» Au milieu des plaintes générales et
malheureusement méritées, sur le service
des ambulances françaises qui accompa-
gnaient l'armée à son entrée en Suisse, je
suis heureux de pouvoir vous signaler

l'ambulance de cavalerie du 18e corps d'armée, composée de MM. Sauceny, médecin major-chef, Reims, Cavaillon et Dufour, médecins adjoints, et de M. Rebuffat, pharmacien. Cette ambulance fonctionne à Fleurier depuis le 1er février, et n'a cessé de prodiguer, jour et nuit, les soins les plus assidus à plus de mille blessés et malades français, répartis dans trois locaux différents.

» Aujourd'hui, il reste encore à Fleurier plus de cent cinquante de ces malheureux, dont cinquante atteints de typhus, la plupart si gravement qu'il reste peu d'espoir de les sauver.

» A vous,

» J. MATHEY. »

A Lausanne, un bourgeois de la ville voit
deux soldats français debout au coin d'une
rue. Il les aborde et leur offre de les emme-
ner chez lui. Il n'avait pas fini de parler
qu'une femme de la classe ouvrière sort
d'une boutique où elle venait d'acheter quelque denrée et s'écrie :

— Fi, Monsieur! ça n'est pas bien, ce
que vous faites là, d'essayer de me prendre
mes Français ! Comment ! j'entre un instant
dans une boutique, prendre de quoi les
régaler, et, pendant ce temps-là... Faites
comme moi ! allez en attendre à la gare !...
Allons, mes enfants, en route !

Et elle emmène triomphalement *ses* Français.

10.

Lors de ce funeste quiproquo, qui empêcha le général Clinchant d'être averti que l'armée de l'Est n'était pas comprise dans l'armistice, il devina si peu une pareille faute, qu'il annonça que tout soldat qui entrerait en Suisse serait considéré comme déserteur et qu'il pria le général Herzog de l'aider à empêcher cette désertion.

Les Prussiens continuaient donc leurs attaques, et, au dernier moment, une centaine d'entre eux se firent entourer et prendre par les Français, qui, le lendemain, lorsque la vérité fut connue et qu'il fallut passer la frontière, ne lâchèrent pas leurs prisonniers et les internèrent avec eux.

On a mis les Prussiens à part, et, si vous

exceptez les manières affectueuses et la sympathie, on les traite bien.

Parmi eux se trouvaient quelques malades.
Un fonctionnaire suisse y conduisit un médecin de leur pays, qui, s'adressant au premier soldat qu'il trouva à l'entrée de la salle
et qui lui parut fiévreux, lui dit :

— Montrez votre langue.

Le soldat se dressa, réunit les deux talons,
appliqua une main sur la couture du pantalon, leva l'autre sous la casquette et tira une
large langue. Le médecin se remit à causer
avec son interlocuteur suisse, puis ils conti-
nuèrent la visite.

En sortant, le Suisse qui me racontait la
chose fut très-surpris de retrouver le Prus-

sien debout, dans la même position, la main droite sur la couture du pantalon, la gauche à la hauteur de l'œil, sous la casquette et sa large langue encore pendante. Mais ce qui le surprit davantage, c'est que le chirurgien ne montra aucun étonnement et fit un signe en abaissant la main. Alors, le soldat rentra sa langue et quitta la position réglementaire.

J'arrive à la gare de Neuchatel par les Verrières. Les trains de voyageurs sont suspendus; tout est occupé pour le transport des troupes fédérales et des vivres et fourrages que l'on porte aux Français. Heureusement, grâce au commandant Perrie, un des amis que m'a prêtés J. Mathey, on m'accorde

une place dans un wagon et nous voici en
route. Seulement, comme il faut à chaque
instant prendre ou laisser quelque chose,
nous mettons un peu plus de sept heures à
faire un trajet qui, en temps ordinaire, est
d'une heure et demie.

Le chemin de fer suit le fond de la
vallée ; la route qui lui est à peu près
parallèle est au flanc et presque à moitié
de la montagne.

A partir de ma sortie de Neuchatel, pendant huit jours, je ne vais plus voir que du
blanc ; une neige, plus abondante et plus
épaisse qu'on ne l'avait vue en Suisse depuis
longtemps, couvre tout, la montagne et la
plaine, et c'est cette fois que la comparai-

son avec un grand linceul est lugubrement
juste.

Pendant que notre convoi marche à peu
près du train d'un homme à pied, nous pouvons voir, dans ses détails, le défilé de
l'armée française par la route d'en haut, et
en sens inverse de nous.

Le temps est sombre, le ciel est bas ; l'air,
à une certaine distance, est blanc et presque aussi épais que la neige qui couvre le
sol. Il semble qu'on chemine dans un sou-
terrain de neige.

Sur la route, au flanc de la montagne,
par un sentier étroit, s'avance d'un pas
lent et morne une longue file de silhouet-
tes noires de soldats se découpant sur le

fond de brume blanche et épaisse et sur
le sol neigeux. On voit tous les détails,
mais tout est uniformément noir. Les têtes
sont baissées, les jambes se traînent avec
peine. Puis des chevaux décharnés, le cou
tendu, tirant quelques voitures dans lesquelles, sur un peu de paille, sont étendus, non pas les malades et les blessés, —
il n'y en aurait pas assez, — mais les plus
blessés et les plus malades; et cette marche
ne fait pas de bruit. Il semble des ombres
qui passent et qui glissent.

A chaque cinquante pas, le cadavre d'un
cheval sur la neige; une fois ou deux, des
amas de branches de sapin : on me dit
que ce sont des soldats tombés morts sur

la route, ainsi ensevelis par leurs camarades.

Çà et là, des chevaux abandonnés ; ils
s'efforcent de ronger l'écorce des arbres et
les palissades. Les maisons que l'on rencontre, de loin en loin, sont construites
avec les poutres apparentes ; ces poutres
sont rongées par la dent des chevaux.
Quelques-uns essayent de manger la
neige.

Nous arrivons aux Verrières suisses.

Séparées des Verrières suisses, par un
ou deux kilomètres, sont les Verrières
françaises ; puis, des Verrières françaises, en deux heures, on arrive à Pontarlier.

Il s'agit donc de trouver une voiture et un cheval, ou pour le moins un cheval.

Mais tout d'abord on m'explique que c'est impossible.

— Eh bien, un guide pour aller à pied?

— Plus impossible encore. On se bat aux Verrières françaises et sous les forts de Joux, défendus par quatre cents Français et que les Prussiens, sans souci de la vie de leurs hommes, s'obstinent à attaquer. On entend la canonnade jour et nuit.

— Que faire?

— Vous en retourner à Neuchatel; mais il n'y aura de train que demain, et y trouverez-vous une place?

11

— N'y a-t-il pas moyen d'arriver à Pontarlier par une autre voie ?

— Quelques gens du pays y sont allés...
mais... à travers et par-dessus la montagne... c'est difficile, rude, fatigant... et,
dans la partie française, vous pouvez faire
de mauvaises rencontres. Il faut de plus
un bon guide, car la neige est si épaisse,
qu'aucun chemin n'est plus marqué.

Il n'y a pas une seule place dans les
deux auberges des Verrières où on puisse
attendre le lendemain. Le commandant
Perrier me mène chez M. Lambley, où je
trouve une cordiale hospitalité et qui a la
bonté de se charger de me découvrir un
guide excellent.

Nous partons au petit jour. Nous montons, nous gravissons, nous descendons pendant six heures. Comme on nous l'avait annoncé, quand nous ne sommes plus sur le territoire suisse, nous commençons à rencontrer quelques uhlans, quelquefois isolés, quelquefois deux ou trois ensemble. Ils ont des chevaux très-beaux et très-vites. Ils s'arrêtent un moment en nous voyant, et nous laissent un peu approcher, puis, serrant les jambes, mettent leurs chevaux ou au galop ou à un trot excessivement allongé et nous croisent rapidement.

Il ne faut qu'une fantaisie pour qu'ils tirent sur nous. Il suffirait peut-être de

présenter un joli coup de carabine ou
de pistolet et d'être « beau à tirer ».

J'évite autant que possible cette situation ; quand je les vois de loin, je m'ef-
·force de ne pas leur donner cette tentation, de ne pas être « beau à tirer » ;
sans affectation, je place un arbre, un
buisson, entre eux et moi.

Un, en passant rapidement, me crie :

— *Ponchur !*

Que je traduis par « Bonjour ! »

Me voici aux portes de Pontarlier. Il
faut marcher droit aux sentinelles, ne pas
paraître hésiter ni les éviter, mais cependant ne pas leur donner la moindre pensée d'une attaque. Nous sommes sur un

terrain où la vie d'un homme n'est comptée pour rien.

Je m'informe de la demeure du général prussien, auquel il faut que je présente le sauf-conduit de M. de Rœder pour qu'il m'en donne un autre pour aller jusqu'à Byans.

Les rues de Pontarlier sont tellement remplies de soldats prussiens, qu'on n'avance qu'en louvoyant ; presque toutes les boutiques et les maisons sont fermées.

Je fais parvenir un mot, sur ma carte, au général. On m'introduit. La plupart de ces officiers prussiens ont l'air de bonshommes en bois vernissé ; ils sont polis, mais leur politesse est raide, réglementaire, mécanique. Tous n'ont qu'un seul et même geste anguleux, en bois, pour ôter la casquette et la remettre.

Je montre mon laissez-passer :

— Où voulez-vous aller ?

— A Byans. Mais je voudrais toucher à Besançon.

— Besançon est occupé par les Français. Nous ne pouvons vous autoriser à aller à Besançon après avoir traversé nos lignes. Voici un laissez-passer pour Byans. Vous voudrez bien prendre par... Quingey, Myon et ne pas vous écarter de cet itinéraire.

Et un officier me montre du doigt, sur une vaste carte très-détaillée établie sur une table, les points indiqués, dont plusieurs ne figurent pas sur les cartes ordinaires.

Pour faire cette route, il me faut à la fois
un moyen de transport et un guide, c'est-à-
dire une voiture quelconque dont le conducteur connaisse le pays. Je regrette de ne pas
me rappeler le nom de M..., qui se chargea
obligeamment de me trouver la voiture et
le cocher, chose presque impossible et dont
on ne me répondait pas, les Prussiens ayant
pris presque toutes les voitures et à peu près
tous les chevaux, et ceux qui en ont encore
les tenant cachés hors de la ville, de peur
de les voir enlever à chaque instant.

Il faut le reste de la journée pour essayer
de trouver le guide. Je descends à un hôtel.
Je demande à manger. Dans mon ignorance,
j'ai encore l'audace de trouver, à part moi et

sans rien dire, insuffisant et mauvais un repas qui devait être de beaucoup mon meilleur pendant la semaine qui allait s'écouler.

On m'amène un homme; c'est un commis voyageur qui se fera voiturier par circonstance. Il commence par émettre beaucoup d'observations. Je lui persuade d'autant plus difficilement que mon sauf-conduit met à l'abri lui, son cheval et sa voiture, que je n'en suis pas très-sûr moi-même et que lui ne veut pas être trop persuadé.

Enfin, il se décide. Nous partirons demain matin à six heures et demie.

Toute la nuit, on entend le canon.

C'est encore une tentative des Prussiens contre le fort de Joux. On m'affirme qu'ils ont fait tuer déjà plusieurs milliers de leurs soldats dans cette attaque opiniâtre et que, deux fois, ils ont dû demander aux forts un armistice pour enterrer leurs morts.

Sur la route, nous rencontrons à chaque instant des uhlans éclairant le pays et des soldats menant des voitures attelées de chevaux, de mulets, de bœufs, et allant en réquisition en dessinant des cercles plus ou moins étendus autour de leur résidence momentanée, c'est-à-dire ramassant les vivres pour les hommes, le foin et l'avoine pour les chevaux.

11.

A Pontarlier, il a été impossible de trouver de l'avoine et d'en emporter un peu
pour notre bête. Nous espérons en trouver
en route. Cette illusion ne dure pas longtemps; quand nous en demandons, on nous
regarde avec étonnement et on nous répond
avec un cri :

— De l'avoine? il y a quinze jours que
nous n'en n'avons vu un grain !

C'est en raclant les greniers qu'on ra-
masse quelques poignées de foin.

D'après les renseignements que j'ai pris
à Pontarlier, je sais qu'il y a des blessés,
des malades et des prisonniers éparpillés
dans tous les villages, dans tous les hameaux. Il serait trop cruel de passer sans

le voir à côté de celui que je cherche. Aussi je fouille partout.

Le soir, nous couchons sur de la paille. Nous mangeons un peu de pain et de fromage, et ce n'est quelquefois qu'après avoir parcouru un village en tous sens et avoir été repoussés de partout que nous trouvons un asile et ce quasi-repas.

Dans tel village, il ne reste pas une goutte de vin ; dans un autre, on nous demande si nous n'aurions pas quelques morceaux de sucre pour un malade.

Les ambulances sont espacées, quelquefois hors des villages, dans des habitations assez isolées.

A chaque instant, sur la route, nous

voyons sortir d'une maison, d'un bois, d'une haie, une longue perche, s'étendant sur le chemin et surmontée d'une petite botte de paille : c'est un signal des Prussiens ; c'est pour s'avertir entre eux que la route est éclairée et libre.

De loin en loin, une sentinelle nous barre le chemin. Je lui tends mon sauf-conduit. Elle le regarde attentivement, quelquefois le tourne dans tous les sens puis me le rend, et, étendant le bras dans la direction que je dois suivre, me dit :

— *Vorwärts !* (En avant !)

Une fois, quand la sentinelle me rend mon papier, après l'avoir examiné longtemps et m'avoir dit : *Vorwärts !* je m'aperçois que je me suis trompé, que ce que je lui ai présenté n'est pas mon sauf-conduit, mais un papier insignifiant, et je me dis :

— J'aurais pu me dispenser d'aller à Berne et de tant m'occuper de saufs-conduits.

En quoi je me trompais, comme nous le verrons plus tard.

Le soir, mon conducteur, pour que les Prussiens ne lui prissent pas sa voiture, en détachait une roue et la cachait. Quant au cheval, nous nous couchions avec lui, nous ne le perdions pas de vue.

Nous avions encore plus de peine à trouver à manger pour la pauvre bête

que pour nous. La nourriture de l'homme
est plus variée : faute de ceci, on mange
cela. Mais le cheval ne mange que du
foin et de l'avoine. Quand on nous en ven-
dait un peu, c'était en cachette et avec
des précautions infinies.

Faute de foin ou d'avoine, je lui donnais
du pain. J'essayai de tremper le pain dans
du vin ; il en mangea d'abord, mais il
s'en dégoûta tout de suite et n'en voulut
plus.

D'ailleurs, ce n'est pas partout que j'aurais pu lui en donner. On ne pouvait
penser à l'herbe ; la neige couvrait tout ;
des troupes d'oiseaux affamés suivaient les
chevaux, essayant de trouver, dans le

maigre crottin qu'ils jetaient sur la route, quelque rare grain non digéré.

Après avoir fouillé... Quingey, Myon, nous entrons enfin à Byans. Le cheval ne peut plus marcher.

Un brave homme, un cultivateur appelé Cornu, nous rend tous les services qui dépendent de lui. Il trouve un moyen de loger le cheval et de lui donner clandestinement un peu de foin. Quant à l'avoine, les Prussiens ont tout enlevé; il n'y faut pas penser.

Le brave Cornu m'indique, me conduit, me raconte. On leur a tout pris. Les Prussiens se sont emparés même des fours; ce sont eux qui donnent aux habitants de

Byans le pain qu'ils ont de trop et les ra-
tionnent.

C'est à Byans que celui que je cherche a
été fait prisonnier et que j'espère le trouver. J'apprends que ce train, composé
entièrement de malades et de blessés, dont
quelques-uns amputés, avait été pris par
suite de l'incurie, de l'étourderie qui pré-
sidait à tant d'opérations.

On avait *négligé* de le surmonter du
drapeau blanc à croix rouge qui désigne
les ambulances. De plus, partant de Besançon pour Lyon, on *n'avait pas pensé* à
remplir les chaudières, et, à Byans, à huit
lieues de Besançon, dans une localité
occupée par les Prussiens, il avait fallu

s'arrêter pour prendre de l'eau. Une ving-
taine de francs tireurs étaient venus envoyer de loin quelques coups de fusil aux
Prussiens, qui, voyant ce train arriver et
s'arrêter, l'avaient fusillé et mitraillé. Ceux
des malades et des blessés qui pouvaient
marcher avaient essayé de s'enfuir, mais
avaient été arrêtés par la cavalerie prussienne ; il y avait eu des tués et des
blessés.

Je commence mes fouilles. Je visite
quelques maisons, puis on me dit qu'il y
a encore des malades et des blessés dans
un bâtiment appartenant au presbytère,
à une petite distance de Byans. Il allait
être midi.

Je rencontrai le curé qui venait de les voir, et retournait dîner.

Je le questionne.

— Hâtez-vous, dit-il, car il y en a un qui n'a plus que quelques instants à vivre, et, si c'est celui que vous cherchez, vous n'avez que le temps d'arriver pour le voir vivant.

Je cours, j'entre très-ému. Je vois une grande salle avec de la paille par terre et une trentaine de malheureux étendus sur cette paille.

Je ne tarde pas à discerner le mourant. Ce n'est pas mon ami; c'est un enfant, il n'a pas vingt ans.

J'essaye de lui parler; il n'entend plus,

il râle, et, quelques instants après, il meurt sous mes yeux. Un quart d'heure auparavant, le curé lui avait annoncé qu'il allait mourir.

— Je ne verrai donc plus ma mère? avait-il dit.

— Vous ne la verrez qu'au ciel.

— Qu'elle y aille donc bien vite, car elle sera sur la terre bien malheureuse sans moi !

Je fus d'abord offusqué que ce curé ne fût pas resté près de lui jusqu'à la fin et qu'il l'eût quitté pour rentrer dîner à son heure. Mais quelle horrible chose que l'habitude ! Il en avait tant vu mourir depuis quinze jours !

Un des plus tristes aspects de l'extrême malheur, c'est qu'il rend égoïste et insensible :

Il y avait là trente compagnons du moribond ; tous s'étaient écartés de lui, et les moins malades causaient entre eux, sans même regarder de son côté. J'avais fouillé partout sans trouver mon malade ; j'apprends dans ce dernier asile, ce qui m'est ensuite confirmé au dehors, qu'on n'a laissé à Byans que ceux qui étaient trop malades pour suivre, mais que les autres ont été emmenés à Dôle.

Il s'agit d'aller à Dôle.

Mon conducteur refuse. Je lui explique que je ne sais pas comment j'irai, mais

que je sais très-bien que j'y vais aller, et
que, s'il me quitte, il n'a plus de sauf-conduit pour lui, pour son cheval et pour sa
voiture. Il se résigne ; mais le cheval, épuisé par la fatigue et la privation, est inca-
pable de marcher. Nous cherchons dans
toute la ville, avec le bon Cornu, pour trouver un autre cheval à louer, afin de laisser
le nôtre se reposer jusqu'à notre retour.

Il n'en reste pas un.

Si au moins on avait de l'avoine, on re-
donnerait du cœur et des jambes à notre
pauvre bête.

Quand j'avais eu décidé que j'allais à
Dôle, j'avais été demander un laissez-passer
du général prussien qui commandait à

Byans, même bonhomme de bois vernissé, même roideur, même politesse mécanique.

Il m'avait signé mon laissez-passer ; mais,
quand il fut avéré qu'on ne pouvait se procurer un autre cheval, et que le nôtre ne
marcherait que s'il avait de l'avoine, je me
mis à chercher de l'avoine.

— Il n'y a que les Prusssiens qui en ont ;
demandons-leur-en un peu.

Nous allons donc demander de l'avoine
aux Prussiens. Je retourne à la résidence
du général, et j'écris sur une de mes cartes :

« Le laissez-passer que vous m'avez donné devient nul parce qu'il m'est impossible

de nourrir le cheval qui me porte. On me dit que vous seul avez de l'avoine. Donnez l'ordre qu'on m'en cède un peu. »

J'envoie cette carte, et un officier me la rapporte quelques instants après, en me disant :

— Nous manquons d'avoine nous-mêmes, et, depuis hier, nous avons envoyé à une assez grande distance, en réquisition, des voitures qui ne sont pas encore revenues. Demandez-en au maire.

— Où est le maire ?

Cette question n'était pas aussi niaise qu'elle en a l'air au premier abord. On m'avait dit que les Prussiens l'avaient mis en prison.

Mais mon officier prend son air en bois et me répond sèchement et d'un ton vainqueur, accompagné d'un sourire d'une insolence indescriptible :

— Cherchez-le !

J'eus en ce moment, au plus haut degré, une impression qui s'est renouvelée plus d'une fois pendant ce triste voyage : il me passa une effluve de haine dans les nerfs et dans les veines, et je sentis qu'une joie immense eût été, en sacrifiant la moitié de ce qui me reste à vivre et en risquant le tout, de me trouver seul avec cet homme, dans un endroit désert, avec chacun une épée ou un sabre, ou une fourche, ou seulement les mains.

Je plongeai mon regard dans le sien ; il détourna les yeux.

Je le quittai sans saluer et j'allai trouver le maire, qui était sorti de prison.

Il était dans sa maison, entouré de sa famille. Les Prussiens s'étaient emparés de cette maison et ne lui avaient laissé pour lui, sa femme et trois ou quatre enfants, qu'une seule pièce, parce qu'elle était incommode et qu'il fallait la traverser pour entrer dans les autres et en sortir, ce qu'ils faisaient, eux, à toute heure du jour et de la nuit, sans se soucier que la femme ou les filles fussent couchées ; de telle sorte que cette femme, d'un doux et charmant visage, d'une taille svelte et élégante, d'une

12

ineffable grâce de bonté, enfin douée de
tout ce qui devait inspirer au premier abord
un respect sympathique, avait pris le parti
de ne plus se déshabiller depuis trois semaines.

On avait bien voulu leur laisser un ma-
telas et une paillasse. Les enfants cou-
chaient sur des tas de paille, dans les an-
gles.

Comme j'étais ému de colère et que la
voix sortait péniblement, je donnai au
maire ma carte, que les Prussiens m'avaient
rendue, et sur laquelle était expliqué l'ob-
jet de ma demande, en ajoutant :

— *Ils* m'ont dit que vous seul pouviez
m'en donner.

Le maire parut troublé et me dit :

— C'est un piége! ils m'ont demandé de l'avoine ce matin, et j'ai répondu qu'il n'y en avait plus dans le pays. En effet, quelques-uns en ont un peu de cachée, mais c'est pour la semence ; sans quoi, la famine succédera l'année prochaine aux fléaux de cette année.

Et il me montra un exemplaire des réquisitions :

« Le maire de Byans aura livré à midi précis, tant de kilog., etc., de... et de.., ou de l'argent. »

— Cependant, me dit-il, d'un air franc et ouvert, je comprends votre situation et je vais vous en procurer un peu, que vous

ne ferez manger à votre cheval que hors
d'ici ; dites à haute voix, en sortant, que
je n'ai pu vous en donner ; demandez-en à
une ou deux personnes, et allez atteler votre cheval.

Peu de temps après, arrivèrent à l'écurie la femme du maire elle-même, avec
deux autres femmes, apportant de petits
sachets d'avoine cachés sous leurs jupons.
Elles les glissèrent dans la voiture à laquelle le cheval s'était laissé atteler d'un
air profondément découragé.

A ce moment, il se passa une petite
scène que je vais raconter parce que c'est
le premier acte d'un vaudeville dont le dernier aurait pu devenir une tragédie.

J'avais fait, sans y attacher d'importance, une remarque assez singulière dans mes rapports forcés aves les états-majors prussiens.

Je suis d'origine allemande ; mon père, Henry Karr, célèbre musicien, que Balzac a cité dans *les Parents pauvres*, était Bavarois ; et, moi-même, je ne suis légalement Français que depuis 1848. A ce titre, mes ouvrages inspirent en Allemagne une certaine sympathie et quelques-uns ont été traduits en allemand. J'avoue que je comptais un peu, en partant, sur cette notoriété pour le succès de mon voyage.

J'avais bien vu, lorsque j'abordais les états-majors, en exhibant mes laissez-passer,

que, à la lecture de mon nom, il se mani-
festait, surtout de la part des jeunes officiers, une assez vive curiosité.

J'avais remarqué aussi que les généraux
eux-mêmes, en lisant ce nom, levaient les
yeux du papier et jetaient un regard sur
moi avant de reprendre la lecture.

Mais là se bornait toujours la manifesta-
tion que je ne fusse pas pour eux un incon-
nu ; la roideur prussienne qui fait partie
de la discipline et du devoir s'opposait in-
vinciblement à plus d'expansion ; mais de
jeunes officiers logés chez le maire, avaient
aperçu ma carte et lui avaient exprimé le
regret de ne pas m'avoir vu. Lui-même,
qui avait autrefois été à Paris et avait bien

quelque renseignement sur moi, n'avait pas remarqué le nom et n'avait vu qu'un homme, très-embarrassé, à secourir. Il vint me trouver à l'écurie et, avec une franche bonhomie, me fit les offres de service qui dépendraient de lui.

— Je suis triste, ajouta-t-il, que ce soit en ce moment que vous veniez dans notre pays quand je n'ai ni table ni maison à vous offrir cordialement.

Derrière lui, mais à une certaine distance, se tenaient les officiers, roides mais curieux ; auprès de lui un personnage un peu ridicule, *habillé*, orné du chapeau tuyau de poêle soigneusement lissé, visiblement préoccupé de manifester qu'il était un *monsieur*.

Il poussa le maire du coude, et celui-ci
me le présenta :

— Monsieur le juge de paix.

— Monsieur, me dit le personnage, per-
mettez-moi de vous dire que je sens tout
l'honneur que votre présence, etc....., que
je serais heureux de.....; que ma maison est
la plus belle du pays ; que j'ai l'honneur de
loger un général prussien, et que ces
messieurs, qui sont très-polis, m'invitent à
leur table. J'espère que vous ne me refuserez
pas de... et de... Jamais je n'oublierai,
monsieur, que...

Il serait si ridicule de raconter cette petite
scène si elle n'était nécessaire à l'intelligence
du denoûment qui eut lieu quelques jours

plus tard, que, pour ne pas laisser une impression fâcheuse à mes lecteurs, je me hâte d'ajouter ce qu'il y avait de comique dans ce discours et que je n'ai su que plus tard.

C'est que M. le juge de paix ne me connaissait à aucun degré, n'avait jamais entendu parler de moi, n'avait jamais lu une ligne de moi (et guère, je crois, d'aucun autre), et que mon nom n'avait absolument, pour lui, aucune signification.

Seulement, il s'était trouvé chez le maire lorsqu'un des Prussiens, voyant ma carte sur la cheminée, avait dit :

— Tiens, Alphonse Karr ! il est ici ?

— Ma foi, dit le maire, c'est, paraît-il,

ce monsieur qui est venu me demander de
l'avoine; je n'avais pas lu son nom, je le
regrette.

— J'aurais voulu le voir, avait dit un
Prussien.

— Je vais tâcher de le retrouver, avait
ajouté le maire.

— Qu'est-ce?... avait dit le juge de
paix ?

— C'est Alphonse Karr qui est ici.

— Eh bien ?

— Vous ne connaissez pas Alphonse
Karr ?

— Qui ? moi? Alphonse Karr? Je ne connais que ça. Ah! il est ici ! Ah! sacrebleu!
que je suis donc fâché... J'aurais voulu...

Comment, ce sacré Alphonse Karr est ici ?
Ah ! je suis tout à fait contrarié de ne pas
l'avoir su.

Le maire avait mis sa casquette et il était
venu me serrer la main à l'écurie.

M. le juge de paix, qui se considérait
comme le premier du pays, qui avait la plus
belle maison, qui avait l'honneur de loger
un général prussien et l'honneur plus grand
de manger avec lui, avait voulu prendre et
conserver son rang dans la petite manifes-
tation.

— Ah ! monsieur, ajouta-t-il, je ne souffri-
rai pas que vous ayez passé par Byans sans
vous être reposé et rafraîchi chez moi.

Je m'excusai froidement.

— Au moins, ajouta-t-il, si vous repassez par ici, vous me promettez...

Je m'inclinai, serrai la main au maire et grimpai dans mon véhicule.

Le cheval, qui ne savait pas qu'il portât de l'avoine qu'il ne tarderait pas à manger, marchait d'un pas beaucoup plus lent et plus triste que les chevaux d'Hippolyte.

Et moi, je repassais ce que je venais de voir, chez le bon Cornu, par exemple : les Prussiens ne voulaient pas coucher ailleurs que dans la chambre où couchait le maître de la maison, en même temps que sa femme, deux belles filles de dix-huit à vingt ans et trois ou quatre petits enfants.

Est-ce par crainte de quelque piége ? est-

ce parce que dans cette pièce est le poêle,
sur lequel on fait la cuisine? Ce poêle, ils
le bourrent de bois à le faire rougir et le
tiennent dans cet état toute la nuit. Ils ne
veulent pas d'obscurité et laissent brûler
des chandelles allumées ; de plus, ils fument
sans s'arrêter, s'endorment la pipe à la
bouche et mettent souvent le feu à la paille
sur laquelle ils couchent ; il est vrai qu'il
fait dehors de 12 à 14 degrés de froid. Dans
la chambre de Cornu était étendu, autour
du lit de la famille, un lit général de paille
où dormaient, fumaient, parlaient, juraient
quatorze soldats.

Quelques jours auparavant, ils étaient dix-
huit : on comprend l'air méphitique qui

13

remplit une pareille chambre, aussi un grand nombre de petits enfants meurent tous les jours. Une chose étrange, et à laquelle il doit y avoir nécessairement des exceptions, est celle-ci :

J'ai questionné dans les villes, dans les villages, dans les hameaux que j'ai fouillés; partout on m'a fait la même réponse : ils n'insultent pas les femmes, ils ne s'en occupent même pas. A peu près tous sont mariés chez eux; l'organisation militaire, chez nous, condamne une partie de notre jeunesse au célibat; celle des Allemands ne les empêche pas de se marier très-jeunes.

Les pauvres gens qui logent les soldats doivent aussi en nourrir un certain nombre;

quand ils ont tout épuisé, les soldats leur apportent leur part du produit des réquisitions. J'ai vu plus d'une fois le triste et écœurant tableau que voici : huit ou dix Prussiens sont assis autour de la table ; les maîtres de la maison, qui ont fait cuire leur dîner, après avoir usé toutes leurs ressources pour se procurer ce dîner, le leur servent à table ; dans les coins, les petits enfants pleurent parce qu'ils n'ont pas mangé, et — ce qui est peut-être le plus navrant de tout, parce que cela peint une prostration profonde — leurs parents, en donnant aux Prussiens la nourriture de leurs enfants accommodée par eux-mêmes, les servent avec un sourire humble, con-

traint, suppliant, pour se les rendre favorables.

Il y a cependant des instants de révolte.
Quelques jours avant mon arrivée à Byans,
Cornu ayant tout donné et se voyant demander avec menace ce qu'il ne pouvait
plus fournir, tomba sur une chaise, attira
à lui sa femme, ses grandes filles, ses petits enfants, les uns sur ses genoux, les
autres dans ses bras et entre ses jambes, et
s'écria :

— Allez vous faire... ! Fusillez-nous tous
dans les bras les uns des autres et que ce
soit fini de vous voir.

Le lendemain, les Prussiens commencè-
rent à apporter de la viande et du pain que

des fourgons, toujours en mouvement, vont enlever dans un cercle qui s'élargit toujours, jusqu'à ce que, le pays étant épuisé comme par les sauterelles, ils exigent une rétribution en argent, et vont ailleurs.

Nous arrivons à Dôle.

La ville est pleine ; elle renferme trois fois plus d'habitants que les maisons ne peuvent en contenir en temps ordinaire. Quand les Prussiens arrivent quelque part, ils sont précédés par un corps d'intendance, dont les membres entrent dans toutes les maisons, ouvrent, font ouvrir ou enfoncent toutes les portes, et, après un coup d'œil jeté sur les chambres, les salles, les greniers, les écuries, écrivent sur la porte avec de la craie :

« 6 hommes, 20 hommes ; — 10, 20, 30 chevaux. » Dans ce compte, ils ne font entrer
ni les personnes qui habitent les chambres
ni les chevaux placés dans les écuries :
les personnes doivent chercher asile ailleurs ; les chevaux, les bœufs, les vaches
sont mis dans la rue, à moins — ce qui
arrive le plus souvent — qu'ils ne s'en
emparent.

Il est un mot français que l'on entend
souvent partout où il y a des soldats prussiens : ce mot est le seul que sachent la
plupart d'entre eux, c'est le mot « tout de
suite » qu'ils prononcent *dutte suite*. Ils ne
demandent pas une seule chose sans ajouter
dutte suite, d'un air menaçant.

J'avais pris un guide à Dôle pour fouiller
les dix ou douze asiles consacrés aux blessés
et aux malades prisonniers. Je m'arrête un
moment dans une boutique et je ne trouve
plus mon guide. Un voisin me dit :

— Attendez-le, il va revenir.

En effet, il revient au bout d'un quart
d'heure.

Un officier prussien lui avait demandé un
renseignement sur une adresse; l'autre avait
répondu de son mieux, mais le Prussien,
l'empoignant par le haut du bras, avait dit :
« Dutte suite! » et s'était fait conduire pour
plus de sûreté.

Le soir arrivé, je n'avais encore visité,
et sans résultat, qu'une partie des hos-

pices et des ambulances. Quelles misères!
quelles souffrances! beaucoup de pieds gelés, beaucoup de fiévreux hâves, pâles,
grelottants.

Je cherchai en vain un gîte pour mon
conducteur, pour son cheval et pour moi.
Le conducteur passa la nuit assis dans
une salle d'auberge infecte. Je dus la
passer dehors, avec le cheval, dans la
neige, en m'abritant du vent derrière unè
maison.

Au point du jour, qui est long à venir en
février, par 14 degrés de froid dans la
rue, je recommençai mes recherches.
J'avais dîné la veille avec du pain et du fromage, il m'en restait un peu pour mon

déjeuner. Le conducteur avait trouvé quelques poignées de foin pour son cheval ; ça allait donc assez bien sous ce rapport ; j'avais vu plusieurs hospices, il me restait à voir cinq ou six asiles divers et le théâtre. Triste, lugubre, ironique, navrant jeu du sort ! j'arrive sur la scène : le théâtre représente un jardin fleuri, une maison de campagne élégante.

Par terre, de la paille, et des blessés et des malades étendus. J'interroge tous les tas de paille ; mon homme n'y est pas. On me dit que là ne sont pas les plus malades, qu'ils sont au foyer des acteurs. J'arrive dans cet endroit ordinairement plein de rires ; là, il y a des lits, c'est la dernière

13.

chambre à visiter, c'est mon dernier espoir !
Il n'y est pas.

Je questionne : un amputé me répond ;
il ne connaît pas par son nom celui que
je cherche, mais il faisait lui-même partie du convoi de blessés et de malades
mitraillés ; on avait d'abord amené tout le
monde à Dôle ; mais tous ceux qui pouvaient continuer, et surtout les officiers,
avaient été emmenés à Metz, à Metz que
les Prussiens considèrent déjà comme ville
allemande.

Cette déclaration est confirmée par les
sœurs qui soignent les blessés et par l'in-
firmier, puis par un médecin qui les a vus
partir.

Je ne puis aller d'ici à Metz; mon pénible, mon triste voyage est inutile.

Que vais-je dire à ces deux femmes, à la mère et à la fiancée, qui attendent mon retour avec une si terrible anxiété?

Ah! je leur raconterai ce que j'ai vu : les morts, les mourants, les mutilés, les blessés, les cadavres sous la neige, et je leur dirai de remercier Dieu qu'il ne soit que prisonnier et malade, et de penser avec joie que les Prussiens l'ont jugé moins malade que tant d'autres et capable de supporter une cruauté de plus.

C'est là que, de cet amputé et d'un autre qui a les pieds gelés, j'apprends les horribles dangers auxquels ils ont échappé;

je les recueille pour leur faire bénir leur malheur.

Je cours encore la ville pour multiplier les informations : tout le monde est d'accord, tous les officiers ont été emmenés à Metz. Allons, il faut retourner. J'ai le temps, en route, de chercher et d'imaginer des consolations, des motifs d'espérer. Metz est une grande ville, très-française quoique occupée par les Prussiens; plus française encore que de coutume, à cause de cela. Un officier français prisonnier et malade y sera aidé et soigné...

Il s'agit de refaire la même route; car mes saufs-conduits ne me permettent pas d'en tenter une autre; il s'agit de ne pas

passer inutilement une nuit de plus dans
Dôle. Mais revoir tout ce que j'ai déjà vu,
sans être entraîné par une espérance qui
m'isolât un peu du désespérant spectacle
que j'avais sous les yeux! Je prévois que
le retour sera encore plus triste que
le voyage, et puis je suis découragé,
attristé, humilié de mon impuissance.

Je regrette parfois de ne pas fumer, car
cela paraît engourdir et distraire mon conducteur; cependant, quoique j'aie assez
souvent fumé autrefois, et que cela n'ait
pour moi d'autre inconvénient que de me
déplaire, je voudrais fumer et ne puis me
décider à allumer une pipe ou un cigare.
Nous rentrons à Byans; il fait presque

nuit ; notre ami Cornu casera le cheval dans un coin ; mon conducteur se tiendra à fumer dans la chambre où les Prussiens et la famille Cornu sont entassés ; moi, j'aimerais mieux passer encore la nuit dans la rue. Du reste, je compte ne rester que quelques heures et repartir à quatre heures du matin. Il tombe de la neige et il vente.

— Mais, me dit Cornu, que n'allez-vous coucher chez le juge de paix ? Après votre départ, il n'a pas tari sur son chagrin de n'avoir pas eu l'honneur de vous recevoir. Il demeure juste en face de l'écurie. Vous serez tout posté pour vous mettre en route avant le jour.

— J'aurais mieux aimé aller chez le maire.

— Il n'a pas tant de place et il a beaucoup d'enfants. Le juge de paix n'en a pas et demeure dans un château. Il sera enchanté ; je vais vous annoncer.

Je me mets à la suite du bon Cornu. Je trouve mon homme moins ardent que l'avant-veille ; je lui explique que je ne demande et n'accepterai qu'un fauteuil pour y passer la nuit dans mon manteau.

Cornu, me voyant casé, retourne chez lui ; je lui rappelle que je pars à quatre heures.

Le juge de paix m'introduit dans une chambre où il y a un poêle et une sorte de bureau.

— Ne vous donnez aucun souci de moi,
lui dis-je. Un fauteuil dans une chambre
fermée me sera un asile très-heureux en
comparaison de ma dernière nuit.

— C'est que... je ne puis vous offrir à
souper; je n'ai plus les mêmes officiers.
Celui que j'ai n'est pas, je crois, général,
mais un grade approchant. Les autres m'in-
vitaient à dîner; ceux-ci ne me font pas
cette politesse. .

— Ça se trouve bien : je n'ai pas faim,
ne vous dérangez pas pour moi; je n'ai
besoin que de dormir un peu et je pars à
quatre heures.

Il sort. Je m'enveloppe dans mon manteau; je tâche de cesser de penser pour

dormir. Il y a bien un poêle, mais il est presque éteint et je ne trouve dans la chambre que quatre morceaux de bois ; c'est assez pour me réchauffer les pieds avant de m'endormir.

Les pensées commencent à devenir vagues, la torpeur envahit mes membres. Je m'endors.

Je venais à peine de m'endormir, lorsqu'on entre dans ma chambre : c'est mon hôte !

Il est pâle, sa voix est tremblante.

— Monsieur, me dit-il, je suis bien fâché, mais vous ne pouvez rester ici : *ces messieurs* ne veulent pas que vous restiez. Il faut vous en aller... tout de suite.

Je le regarde, je hausse les épaules ; je
m'en vais ; je retourne chez Cornu, voir si
je ne pourrais pas me faire une petite
place auprès du cheval, car il neige assez
fort, et cependant j'aime encore mieux
rester dans la rue, que de passer la nuit
dans la salle des Prussiens.

On n'est pas couché chez Cornu ; on ne
se couche plus depuis trois semaines, dans
tout le pays, que quand la fatigue vous
fait tomber.

J'ai oublié un livre chez mon... hôte ;
je prie une des filles de Cornu de l'aller
chercher.

Mais bientôt elle revient épouvantée,
pleurant.

— Monsieur, monsieur, cachez-vous, sauvez-vous ! on dit que vous êtes un espion
et que vous avez volé les papiers du juge
de paix. Les Prussiens viennent vous
chercher ; sauvez-vous, cachez-vous ! Ah !
mon Dieu !

En trois bonds, j'avais traversé la rue,
et je rentrais dans la maison d'où sortaient
les quatre ou cinq soldats armés qui, sans
doute, allaient me chercher. Nous nous
croisons ; je ne sais s'ils me voient, mais,
en tout cas, ça ne les arrêterait pas, ils ont
sans doute l'ordre d'aller me prendre à
l'écurie de Cornu ; ils ne me prendront pas
ailleurs. La consigne !

Je trouve agitée la maison des Prussiens,

que je venais de laisser silencieuse ; dans
l'antichambre sont quelques soldats et un
officier ; je dis à l'officier : .

— Parlez-vous français ?

— Oui.

— J'apprends qu'on envoie me chercher
et j'arrive. Qui a osé dire que j'ai volé des
papiers ?

— Entrez, me dit-il en me désignant une
autre chambre, un salon dont il ouvre la
porte.

Et, en même temps, je vois un officier
supérieur assis à une table, deux jeunes
officiers debout à ses côtés, et un peu plus
loin le juge de paix ; j'entends, à ce bruit
particulier que font les capucines d'un

fusil, que l'on met des sentinelles à la porte;
j'avoue qu'il me passa un souffle froid dans
les cheveux et je me dis :

— Pourvu que ces gens-là entendent
suffisamment le français, et aussi qu'ils
n'aient pas trop mal... ou trop bien dîné.

Cependant l'indignation l'emporte et je
répète :

— On dit que l'on m'envoie chercher;
j'arrive de moi-même pour savoir qui a
osé dire que j'ai volé des papiers.

Les trois Prussiens se tournent vers le
juge de paix; moi, j'avance d'un pas lent,
et je lui dis :

— Est-ce vous, monsieur ?

Il ne me répond pas et ne me regarde

pas; mais, se tournant vers les Prussiens, il leur dit :

— Je n'ai pas dit tout à fait que cet homme avait volé mes papiers; mais je ne le connais pas, je ne le connais pas du tout; il s'est introduit chez moi, dans mon cabinet, la nuit, et j'ai dit que j'avais peur pour mes papiers.

Les Prussiens se tournèrent de mon côté.

— Je ne me suis pas introduit chez lui; je passais avant-hier par Byans; il est venu m'accabler d'offres d'hospitalité, et, aujourd'hui, traversant de nouveau la ville et n'y trouvant pas de logement, j'ai cru pouvoir lui demander de passer la nuit sur un fauteuil.

Et lui, toujours sans me regarder, mais adressant aux Prussiens des regards humbles et suppliants :

— Je vous assure, messieurs, que je ne connais pas cet homme ; je ne le connais pas du tout.

— Il serait facile, dis-je à mes juges, car je vis bien que j'étais devant des juges et des juges prévenus, de faire venir le maire et un homme qui demeure en face et qui attesteront avec quelle importunité cet homme est venu m'inviter à entrer chez lui.

— Au fond, me dit le chef en très-bon français, les affaires du juge de paix ne nous intéressent pas ; mais ce qui nous importe ;

c'est de savoir ce que vous venez faire ici la
nuit ?

— Dormir.

— Avez-vous des papiers ?

— Voici un laissez-passer que m'a donné
avant-hier le général qui commande ici,
pour aller à Dôle et revenir.

— Il n'y est plus, je le remplace.

— En voici un autre du général qui
commande à Pontarlier pour venir à Byans
et rentrer à Pontarlier.

Et, comme je leur donnais ces papiers à
mesure que je les tirais de mon portefeuille,
je vis ma situation se dessiner très-nette-
ment. L'officier supérieur était indécis, mais
prévenu contre moi; un des jeunes officiers,

qui s'était assis et prenait des notes,
m'était tout à fait hostile ; le troisième, au
contraire, m'était favorable ; il était resté
debout, avait fait un pas de mon côté,
prenait les papiers et indiquait du doigt
certains passages des saufs-conduits. Ces
indications semblant désagréables à son
compagnon, j'en conclus qu'elles étaient
bonnes pour moi ; je continuai :

— En voici un de votre ministre à
Berne, M. de Rœder.

Et je me tus ; et eux lisaient, reli-
saient, discutaient en allemand. Ils étaient
toujours deux contre moi ; le chef cependant un peu hésitant.

Et moi, je subissais un phénomène

14

étrange ; on ne croirait jamais la multitude
de pensées diverses qui se présentent à la
fois à l'esprit dans ces moments d'anxiété,
et je me dis :

— Si ces gens allaient me fusiller...
et ma pauvre fille, que deviendrait-elle ?

Mais je pensai :

— Son fiancé n'est que prisonnier ; à
la paix, — qui est inévitable et prochaine,
— ils se marieront. On peut se passer de
moi.

Je pensai encore à quelques personnes
amies ; je ne veux pas dire qui, — à cause
des autres, — mais elles savent bien que
j'ai pensé à elles.

On m'attendra bien longtemps, — peut-être toujours, — sans savoir ce que je suis devenu.

Cependant, je trouverai, sans doute, moyen d'écrire un mot que je laisserai à Cornu.

Et je vis que tout pouvait aller sans moi, et je me sentis ferme et prêt à tout.

Alors, je me rappelai la carte que M. de Rœder, le ministre prussien, m'avait donnée à Berne.

— Voici encore une carte, dis-je.

L'officier la prit et la fit regarder aux deux autres; ils parlèrent encore quelque temps; puis le chef reprit en français :

— Mais pourquoi venez-vous ici la nuit?

C'était une idée fixe.

Je répétai ce que j'avais déjà dit, et il se tourna du côté du juge de paix, qui répondit :

— Je voyais tout le monde lui faire fête, j'ai fait comme les autres ; je voulais lui offrir des rafraîchissement, mais je ne pensais pas qu'il viendrait s'introduire · nuitamment dans la maison où j'ai l'honneur de vous recevoir; je ne le connais pas.

— Moi, je vous connais, lui dis-je : vous êtes un lâche et un misérable!

Les trois Prussiens se tournèrent de

son côté, haussèrent les épaules et parurent de mon avis sur ce point : ma cause était gagnée.

— Monsieur, me dit le chef, vos papiers sont en règle, vous pouvez vous retirer; mais il est singulier que vous vous soyez introduit ici. — Où allez-vous passer la nuit?

— Dans la rue probablement, j'y serai mieux que sous le toit de ce coquin, et, d'ailleurs, la nuit ne sera pas longue, je pars à quatre heures pour Nyons et Pontarlier.

—Allez chez le maire, il vous procurera un logement.

Mon protecteur sortit, fit éloigner les

14.

factionnaires et commanda d'un signe aux autres de me laisser passer.

Je confesse qu'il me fut agréable de me retrouver libre sous la neige, et que je humai avec plaisir la première bouffée d'air de la rue. Je trouvai huit ou dix personnes devant la maison de Cornu avec lui et sa famille, et mon conducteur qui, tenant la parole, disait, à ce qu'il me sembla avec l'approbation générale :

— Si c'est un espion prussien, il n'a rien à craindre ; si c'est un espion français, on va le fusiller ; mais le juge de paix a eu tort de le dénoncer.

— Oh ! disait un autre, c'est que le

juge de paix a des cachettes et qu'il
veut se rendre les Prussiens favorables.

Mon premier mouvement, une fois
libre, était d'atteler le cheval et de
quitter Byans; mais je réfléchis que ce
départ précipité et contraire à ce que
j'avais annoncé pourrait ressembler à
une fuite, que les Prussiens sans doute
me surveillaient et pourraient se raviser,
et qu'il fallait suivre leur conseil et aller
chez le maire, où Cornu me conduisit.
Je recommandai au conducteur d'être
prêt à quatre heures.

Le maire, sa femme et leurs enfants
étaient couchés.

Je m'excusai.

— Nous ne dormions pas, me dit le maire.

— Nous en avons perdu l'habitude, ajouta la femme.

— Un logement? dit le maire. La nuit serait finie avant que nous en trouvions un, mais vous allez dormir sur notre lit.

Et tous deux se levèrent.

Ils ne s'étaient pas déshabillés; il me fut impossible de les décider à se recoucher.

Je refusai de prendre leur lit. Nous nous assîmes tous trois autour du poêle, qu'on ranima. La femme fit du vin chaud. Deux ou trois fois des Prussiens qui rentraient au milieu de la nuit, traversèrent leur chambre.

Je leur racontai ce qui m'était arrivé.
J'étais épuisé de fatigue ; je finis par con-
sentir à m'étendre sur leur lit, où je dor-
mis deux heures.

Cornu vint me chercher à quatre heures.
Il nous trouva de nouveau tous les trois
autour du poêle. Ils me forcèrent d'emporter du pain, une bouteille de vin, du sucre ;
enfin, ce qui leur manquait le plus ; et
tout cela avec tant de simplicité, une si
douce sympathie, que je voulus savoir le
nom du maire et de son aimable femme,
pour le garder dans mon cœur et le dire
à mes amis.

Ils s'appellent Briet.

Quant au juge de paix, que leur générosité m'avait fait oublier un moment, il s'appelle Landoz.

*
* *

Pendant ce temps, mon jeune officier s'échappait heureusement et hardiment des mains des Prussiens et rentrait à Lyon ; je le retrouvai un peu plus tard à Grenoble et le ramenai.

Sorti de Byans, je repassai par Nyons, Quingey, etc. ; là, j'appris que les Prussiens se retiraient. Les pays étaient rasés, épuisés ; d'ailleurs, ils n'y pouvaient plus vivre ; ils prenaient leurs po-

sitions pour le cas où la guerre conti-
nuerait, et ils massaient des forces le
plus près possible de Lyon pour tomber,
disaient-ils hautement, cinq minutes après
l'expiration de l'armistice sur Lyon d'a-
bord, puis sur Marseille, etc.

Ils avaient également quitté Pontarlier,
après avoir tant bien que mal enterré
leurs morts sous le fort de Joux, où
quatre cent soixante hommes leur en
ont tué, assure-t-on, plusieurs milliers.

Je pus aller directement de Pontarlier
aux Verrières suisses, en traîneau sur la
neige, et, des Verrières, je revins à Neuchatel, puis à Lausanne, à Genève et à
Lyon.

Sur ma route, je lisais les journaux pour savoir ce qui s'était passé pendant mon absence, et, en le joignant à mes notes personnelles, me rendre un compte exact et sincère de la situation.

Mᶜ Gambetta, pour prolonger son règne, s'était mis en insurrection ouverte contre le gouvernement dont il n'était que le délégué ; il demandait la reprise et la continuation de la guerre à outrance, sans donner aucune raison ni aucun moyen à l'appui. Seulement, il saisissait ou faisait naître les occasions de monter sur quelque chose, en ayant soin de mettre en lumière son meilleur profil, et il enfilait et défilait des phrases.

La partie du pays que je venais de parcourir était dans un accablement, une prostration, une misère dont il n'y avait même pas moyen de faire un désespoir.

J'avais vu une des trois armées que Mᵉ Gambetta se vantait si fort d'avoir créées : non-seulement ce n'était plus, mais ça n'avait jamais été une armée.

On ne fait pas une armée sans chefs, sans vêtements, sans armes, sans vivres, sans munitions; on ne fait pas une armée avec des jeunes gens arrachés quelques jours auparavant à la vie douce, réglée, abondante, de la famille, pour les jeter sans transition dans des fatigues, dans des privations, dans des misères que les plus vieux

15

soldats auraient peine à supporter ; on ne
fait pas une armée quand on place les
généraux dans l'alternative ou de suivre les
fantaisies d'un avocat ou de se faire desti-
tuer par lui et accuser publiquement de
trahison et d'ineptie ; on ne fait pas une
armée avec un certain nombre d'hommes,
braves, résolus, dévoués, héroïques, mais
sans cohésion, sans discipline.

On est frappé de cette triste vérité
quand on vient de voir le contraste
des Prussiens bien vêtus, bien nourris,
bien portants bien armés, bien com-
mandés.

Et, en admettant l'existence des trois
armées *créées* par Mᵉ Gambetta, en

admettant surtout ce que, selon lui et ses janissaires, il y avait de « grand, de sublime, de surhumain », à avoir créé ces armées, — alors que la plus forte, et la meilleure partie des corps prussiens, était tenue en échec devant Paris, — ces trois armées n'ont pu que résister avec peine à une fraction des armées ennemies, et n'ont pas pu même traverser de petits corps d'armée prussiens pour aller au secours de Paris.

Mᵉ Gambetta, qui a fait quelque chose de si beau en *créant* ces trois armées, ne niera pas qu'un pareil effort ne soit encore plus difficile aujourd'hui.

Et toute l'armée ennemie, occupée

devant Paris, a repris sa liberté d'action, tandis que nous avons de moins l'armée réfugiée en Suisse.

Les généraux, destitués, insultés, menacés, ou donnent leur démission, ou perdent la tête.

Les soldats ne veulent plus se battre.

Les mobilisés, — en voyant que les bureaux du gouvernement, les préfectures et les sous - préfectures servent d'asile aux fils, aux frères, cousins, amis, etc., des nouveaux fonctionnaires, asile qui leur permet de ne pas aller à la guerre et de toucher des appointements, — refusent de partir.

On crée à grands frais des camps qui

n'ont pour résultat que de donner des places et des appointements à tels ou tels; d'autre part, Mᵉ Gambetta, devenu fou, comme le Masaniello de l'opéra, prend des attitudes impériales qu'imitent plusieurs de ses préfets, ou mieux, des préfets de M. Laurier.

On perfectionne les candidatures officielles, si justement reprochées à l'Empire; les préfets ne font plus nommer des candidats « agréables », ils se nomment eux-mêmes.

Je rencontre en Suisse des agents qui vont, pour le gouvernement français, acheter et faire sortir en fraude des fusils... à percussion.

Personne ne s'occupe de chercher ni de dire avec quoi, avec qui, comment on pourra continuer la guerre.

On fait de grosses phrases creuses et par cela même retentissantes.

On a rempli presque toutes les préfectures et les sous-préfectures de gens qui n'ont aucune chance d'occuper des places, de toucher des appointements, d'être, en un mot, quelque chose dans les temps honnêtes et heureux; alors, ces gens trouvent que tout va bien, que la situation est excellente, qu'il la faut prolonger le plus possible, et ils crient pour la guerre à outrance. Demandez-leur l'état de nos troupes, leur nombre, leur situation physique et morale :

ils n'en savent rien, ils n'en veulent rien savoir.

Beaucoup, d'ailleurs, ne crient si fort, que parce qu'ils savent bien qu'ils ne représentent qu'une infime minorité. Combien d'entre eux reculeraient si leur vote avait quelque chance de faire repousser la paix! Ils veulent que l'on fasse la paix, mais qu'on la fasse malgré eux.

On voit alors les plus couards, les uns sortir des caves, et les autres ne pas sortir des places où ils se sont abrités des balles prussiennes, pour hurler qu'eux n'auraient pas fait la paix. Je fus si indigné de cette *pose*, en traversant Lyon, que j'adressai à un journal la petite lettre que voici :

« Mes chers confrères,

» En passant par Lyon, un peu de place,
s'il vous plaît.

» Assez de phrases.

» La France n'a plus le moyen d'en
écouter ni le temps d'en entendre.

» Je viens de passer huit jours dans les
pays occupés par les Prussiens. J'ai vu
entrer en Suisse l'armée de Bourbaki.

» J'ai vu. Je sais.

» J'ai bien des vérités à dire ; elles seront dites dans quelques jours.

» Mais, dès aujourd'hui, j'en veux dire
deux.

» Je demande que l'Assemblée de Bordeaux appelle dans son sein, fût-ce à titre de renseignements, quelqu'un qui ait vu nos prisonniers, nos blessés, nos malades, nos mourants; ils ont, je crois, le droit d'être représentés.

» Je demande qu'un registre soit placé sur le bureau de l'Assemblée, et que tout député qui parlera ou votera pour la continuation de la guerre commence par inscrire son nom sur le registre matricule d'un régiment d'avant-garde qui aura l'honneur de marcher le premier à l'ennemi.

» A. K. »

... En traversant Marseille, je vis une

15.

grande foule devant l'hôtel de Noailles; je demandai la cause de ce rassemblement, et j'appris que cette foule était là dans l'espoir de voir Garibaldi, ce vrai héros, ce vrai républicain qui revenait d'essayer de payer à la France sa part de la dette de l'Italie. Cette rencontre était une bonne fortune que je ne voulais pas manquer. Je lui envoyai mon nom et il me fit chercher.

Je commence par constater que, contrairement à ce que disent la plupart des journaux, il se porte très-bien, et a pu monter à cheval tous les jours, pendant de longues heures; néanmoins, ses béquilles auprès de lui — ce remords, cette honte pour l'Italie — affligeaient mes regards.

Nous nous embrassâmes ; l'aspect de ce visage noble, doux et triste réconfortait mon esprit et mon cœur, comme venait de le faire mon court séjour en Suisse.

— Que la France, me dit Garibaldi, tâche de sauver la république, et tout pourra se réparer.

Puis il ajouta :

— D'où venez-vous? où allez-vous

Je lui racontai en peu de mots ma triste odyssée, et je finis par :

— Je retourne à Saint-Raphaël.

— Et moi, me dit-il de sa voix vibrante et sympathique, moi, je retourne à Caprera.

*
* *

Il y a eu, à l'Assemblée nationale, lorsqu'on a eu voté une triste paix, qui seule pouvait arrêter une épouvantable et impossible guerre, une grande et magnifique scène : c'est lorsque les députés de l'Alsace et de la Lorraine, qui cessaient momentanément d'être françaises, se sont noblement et presque silencieusement retirés. Hélas ! il ne s'est pas trouvé là une de ces voix éloquentes pour traduire les sentiments de la France et répondre à ce triste adieu par des paroles de consolation et d'espérance. C'est que ce n'est pas seulement de la faconde qu'il fallait, c'était du cœur.

Certes, Hugo, avec sa plume puissante, aurait pu et su dire de magnifiques choses

sur ce sujet ; malheureusement, Hugo n'im-
provise pas.

Ah ! mon grand, mon noble Lamartine,
ton âme a-t-elle pu assister à cette scène si
tragique? Elle a dû désirer de revenir un
moment sur cette terre, dût-elle y retrouver
les mêmes amertumes et la même ingra-
titude.

Cent sept membres, M. Gambetta en tête,
ont voté pour la continuation de la guerre.

Pas sept de ces cent sept membres
n'avaient pris part à la lutte précédente ;
les autres probablement avaient réservé
toute leur bravoure, tout leur dévouement
pour cette seconde phase, pour la revanche.
Il en est de même de M. le général Chanzy,

celui que Me Gambetta appelait l'indomp-
table Chanzy.

Je veux croire, et je croirai jusqu'à
preuve du contraire, qu'il a fait avec son
armée tout ce qu'il était humainement
possible de faire avec les forces dont il
disposait, qu'il a montré toute la valeur
personnelle et toute la science militaire
imaginables.

Mais on ne peut contester cependant
qu'à une époque où la plus grande et la
meilleure partie des armées prussiennes
étaient tenues en échec par Paris, où une
autre partie était occupée par M. Faidherbe
et par M. Bourbaki, il n'a pas réussi à
repousser, à traverser la fraction qui lui

était opposée et à venir au secours de Paris.

Aujourd'hui que l'armée de M. Bourbaki n'existe plus, aujourd'hui qu'il n'est plus question de celle de M. Faidherbe, aujour d'hui que, par la capitulation de Paris, toutes les forces qui l'investissaient se trouvent libres de leurs mouvements, il faut que, pour continuer la guerre, M. Chanzy ait tenu en réserve des trésors de valeur et de génie militaire, très-supé- rieurs encore à ceux qu'il a dépensés sans résultat.

Et alors pourquoi les avoir réservés?

Ou, s'il n'a que la même force, hélas! impuissante, à opposer à des forces enne-

mies décuplées, comment peut-il parler
de continuer la guerre ?

Hélas ! c'est que tout le monde, gagné
par une des tristes maladies de notre
époque, prend une attitude et pose comme
devant la machine de Nadar.

C'est que la phrase a gagné jusqu'aux
soldats ; c'est que, après la phrase de Jules
Favre et celle de Mᵉ Gambetta, M. Trochu
a dit :

« Le gouverneur ne capitulera pas ! »

Comme M. Ducrot a dit :

« Je jure de ne rentrer que mort ou
vainqueur ! »

Comme Victor Hugo avait écrit :

« Je sortirai de la ville assiégée, et j'irai

sans armes au-devant des Prussiens,
etc., etc. »

C'est qu'on fait une phrase pour l'effet
de la phrase, et que, la phrase lâchée, on
ne se dit pas : « Tant pis, la phrase est
faite, il faut la payer. »

*
* *

Voici les noms des cent sept membres
qui ont voté *pour la continuation de la
guerre*, c'est-à-dire pour la continuation
de nos ruines, de nos désastres, de nos
misères, de nos deuils, *sachant parfaitement
qu'il n'y avait aucune chance de succès.*

Je demande qu'on m'en désigne SEPT

ayant pris une part réelle à la guerre et ayant couru le plus petit d'entre les moindres dangers :

MM.

Adam (Edmond). Berlit (Meurthe).

Albrecht. Bernard (Martin).

Amat. Billot (général).

Ancelon. Billy.

André (docteur). Blanc (Louis).

Andrieu. Bœll.

Arago (Emmanuel). Bœrsch.

Arnaud (de l'Ariége). Brice.

Bamberger. Brisson (Henri).

Barbaroux (docteur). Baum (Charles).

Bardon. Brunet.

MM.	MM.
Carion.	Duclerc.
Carnot fils.	Ducoux.
Chaix.	Durieu.
Chanzy (général).	Esquiros.
Chauffour.	Farcy (l^t de vaiss.).
Claude (Meurthe).	Floquet (Charles).
Claude (Vosges).	Gambetta.
Clémenceau.	Gambon.
Colas.	Gent.
Cournet (Seine).	George.
Delescluze.	Girerd (Cyprien.)
Deschange.	Grandpierre.
Dorian.	Greppo.
Dornès (Léon).	Grosjean.
Dubois.	Guiter.

MM.	MM.
Hartman.	Lefranc (Pierre).
Humbert (L.-A.).	Lepère.
Humbert (Haute-Garonne).	Lockroy.
	Loysel (général).
Jaubert (comte).	Lucet.
Joigneaux.	Mahy (F. de).
Jouvenel (baron de).	Malens.
Kablé.	Malon.
Keller.	Marc Dufraisse.
Kœchlin.	Mazure (général).
Laflize.	Melsheim.
Lamy.	Millière.
Langlois.	Monteil.
La Serve.	Moreau.
Laurier (Clément).	Noblot.

MM.	MM.
Ostermann.	Schnégans.
Peyrat.	Schœlcher
Pyat (Félix).	Taberlet.
Quinet (Edgar).	Tachard.
Ranc.	Teutsch.
Rathier.	Tirard.
Razoua.	Titot.
Rohm.	Tolain.
Rencker.	Tridon.
Rochefort.	Varroy.
Saglio.	Victor Hugo.
Hervé de Saisy.	Villain.
Scheurer-Kestner.	Viox.

*
* *

Après la grande scène si émouvante
des adieux des représentants de l'Alsace
et de la Lorraine, il est arrivé ce qui
arrive dans les cirques après que les
grands artistes, les premiers sujets, ont
exécuté des exercices effrayants de force
et d'audace : les clowns viennent essayer
et manquer lourdement et grotesquement
ces mêmes exercices.

Après la grande scène donc a eu lieu
la scène des petites démissions, — où
M. Pyat a eu l'avantage — en destituant
l'Assemblée.

Quelle triste aberration a pu entraîner le grand poëte des *Châtiments* à prendre un rôle dans cette petite pièce?

Certes, l'Assemblée — je parle de la majorité — a été odieuse pour ce bon, ce grand, ce noble Garibaldi; on a été, on est encore pour lui horriblement injuste; Garibaldi n'est peut-être pas une tête, mais c'est un cœur et un bras; un cœur désintéressé, un bras énergique et puissant. Hugo a eu mille fois raison de faire ressortir cette honteuse attitude; mais pourquoi donner sa démission?

Mais, au moment où j'écris ces mots, j'apprends qu'il faut faire autour de Victor Hugo un silence sympathique.

Ses droits au respect, acquis déjà par son immense et majestueux talent, viennent d'être doublés par un grand malheur; son fils aîné est mort subitement.

Ce coup terrible me reporte à une autre époque d'épreuves douloureuses, en 1843. — Hugo étant en voyage, j'allai enterrer à Villequier et mettre dans le même tombeau sa fille Léopoldine et son gendre Charles Vacquerie, noyés tous deux ensemble, dans ce tombeau où madame Hugo a voulu aller les rejoindre.

A vingt-cinq ans de distance, en présence de cette même douleur, je sens vivante en moi cette amitié.

Le malheur vient de donner une légitime

et cruelle cause à la retraite du poëte des *Feuilles d'automne*. Le voilà hors de la politique, qui ne l'a jamais grandi, si ce n'est par son beau livre des *Châtiments*. Plus tard, il rompra le silence, et cette amère tristesse se traduira et s'exhalera, pour ses amis d'autrefois et pour ses admirateurs de toujours, en beaux vers payés bien cher, hélas !... C'est le sort du poëte.

Tels les chèvrefeuilles s'élancent plus vigoureux qu'ailleurs de la terre des tombeaux où ils plongent leurs racines dans ce qui fut nos chers morts, en exhalant ces suaves parfums qui semblent être leur âme immortelle.

Son second fils est mort depuis.

(Janvier 1871.)

*
* *

Je n'écris pas ici l'histoire de tout ce qui s'est passé; je me borne à reproduire fidèlement et sincèrement ce que j'ai vu, et bien vu, dans le coin où je me suis trouvé.

Jules Favre a expié, autant qu'il l'a pu, sa funeste phrase, en livrant lui-même « toutes les pierres de toutes les for- teresses ».

Mon vieil ami Crémieux s'est mis à l'a- mende de cent mille francs en réparation de sa triste faiblesse pour Mᵉ Napoléon- Gambetta, et est ainsi sorti par en haut de la situation plus que fâcheuse où il s'était laissé mettre.

Mᵉ Gambetta avait conçu les rêves les plus insensés ; il a continué l'Empire, avec cette différence seule qu'il était l'empereur, que son règne a prolongé, accru nos misères, et qu'il essaye néanmoins encore de prendre des attitudes et de faire une sortie théâtrale, abusant de ce que, dans ce pays, où le ridicule ne tue plus assez, les déplorables conséquences de sa grotesque outrecuidance laissent le public incertain et hésitant entre le rire et l'indignation. Thespis ne fait plus rire lorsqu'au lieu d'être « barbouillé de lie », il est barbouillé de sang.

Qu'on ne me fasse pas ici des phrases, qu'on ne me parle pas du respect dû à l'homme tombé, etc., etc. ; à ce titre, il faudrait épargner l'homme de Sedan.

Quand on a l'audace de prendre la dictature, il faut réussir ; le succès seul absout, sans justifier cependant.

Tant pis pour ceux qui sont entrés violemment dans « l'histoire », il faut qu'ils en subissent les justices.

Il faut savoir se résigner : quand les Français auront cessé d'être aveugles, Mᶜ Gambetta perdra le titre qu'un vieux proverbe lui donnait à la royauté.

Oui, certes, il y a des réactionnaires contre l'établissement de la République :

Mais, si nous devons encore une fois traverser et la République et la liberté, en
tête de la réaction il faudra mettre ceux
des membres si nombreux du parti soi-disant républicain qui n'attaquent les abus
et la tyrannie que pour les conquérir; pour
qui la République n'est pas un but, mais
une échelle, et qui, à peine ayant escaladé
un p uvoir éphémère, n'ont rien de si pressé
que de jeter aux orties, comme des gue-
nilles devenues inutiles, ou comme les béquilles de Sixte-Quint, les grands principes
de liberté, d'égalité, de fraternité, sur lesquels ils ont joué pendant si longtemps de
bruyantes variations.

Et, à ce sujet, disons qu'il est un grand
16.

défaut du caractère français, c'est de ne
savoir ni admirer ni mépriser.

Défions-nous de notre propension à l'engouement.

Par exemple, le rôle de M. Thiers est
très-beau en ce moment; mais je suis con-
vaincu qu'il y a déjà des gens qui font ce
raisonnement : « S'il arrive à fonder la
République, il faudra l'en récompenser en
le faisant roi. »

Sauf, plus tard, à demander qu'on le
pende.

L'engouement, en effet, a une conséquence nécessaire et fatale, c'est le déni-
grement, c'est l'ostracisme.

Vous faites d'un homme de génie, d'un

homme de talent, d'un homme de courage,
un demi-dieu, un dieu.

Vous vous apercevez bientôt qu'il n'est
qu'un homme de génie, de talent ou de
courage, et vous dites : « Il nous a trompés,
c'est un crétin, c'est un traître, c'est un
lâche! »

Deux injustices!

Mais, si ce sort nous est réservé de « traverser encore une fois la République et la
liberté », nous ne devons pas nous dissimuler que nous serons à tout jamais, aux
yeux du monde contemporain et de l'histoire, un peuple de gamins, et qu'il faudra reconnaître nous-mêmes que nous ne
sommes pas et n'avons jamais été des

« esclaves aspirant à briser leurs fers »,
mais des domestiques capricieux aimant
à changer de maîtres.

Ce qu'à Dieu ne plaise !

*
*   *

Il est un homme qui a eu une grande et
belle occasion d'acquérir une vraie gloire
et de prendre dans l'histoire une place
réellement élevée :

C'est le roi ou empereur Guillaume; il
n'avait qu'à se montrer noblement modéré
dans la victoire.

Loin de là, cette guerre a pris, grâce
audit monarque et aux Prussiens, un carac

tère déclaré d'avidité, de brigandage, de pillage que l'on s'efforçait pour le moins de dissimuler dans les guerres précédentes.

Le roi ou empereur Guillaume et ses soldats ont renoncé à l'hypocrite métaphore qui, appelait ça « cueillir des palmes et moissonner des lauriers ».

Ils ont franchement cueilli des pendules et moissonné de l'argenterie.

Il peut, je veux l'espérer, sortir de là un grand bien : c'est que « la gloire militaire » en sera complétement et à jamais déshonorée, et qu'on l'appellera à l'avenir de son vrai nom.

*
* *

POST-SCRIPTUM. — (Janvier 1871.)

Voici M. Thiers chef du pouvoir exécutif sous l'autorité de l'Assemblée des représentants, c'est-à-dire à peu près président de la République, et peut-être vaut-il autant qu'on ne soit pas plus président que cela.

L'idée républicaine a plusieurs griefs contre M. Thiers ; je ne parlerai que de deux.

Son *Histoire du Consulat et de l'Empire,* si célèbre, si populaire, a beaucoup contribué à propager cette légende, cette my-

thologie napoléonienne qui nous a amené
le second empire.

Au 10 décembre, il a voté, et, qui pis
est, a fait voter pour la présidence du
« prince Louis », sans laquelle la République eût peut-être été fondée.

Aujourd'hui, élu par vingt-six départe-
ments, il apporte au service de la France
en péril, une longue expérience des affaires, un esprit souple, subtil, très-
exercé, très-pratique, et presque toujours
du bons sens, sauf sur quelques questions où il a conservé certains préjugés.

Met-il également ces facultés, sans
arrière-pensée à la disposition de la
République?

Je le croirais : il est facile d'aimer une République dont on est le président, et, d'ailleurs, la grandeur du rôle qu'il est, à ce titre, appelé à jouer, doit lui paraître un magnifique couronnement de sa longue carrière politique.

Plus de replâtrages, plus de rhabillages.

On a parlé de réunir tous les ministères aux Tuileries ; très-bien ; alors, il faut vendre tous les bâtiments consacrés à ces ministères ; cela fera de l'argent et empêchera qu'ils ne restent vacants.

Pour éviter qu'un roi, sous un titre quelconque plus ou moins élastique, élargisse son appartement aux Tuileries et renvoie les ministères à leurs anciens logements, le président ou le chef du pouvoir exécutif continuera à demeurer chez lui et viendra à ses bureaux; quand on le changera, il n'y aura pas à le déloger, ce qui est quelquefois difficile : il n'aura qu'à rester chez lui.

Aliénation ou appropriation à des objets d'utilité publique de tous les palais, châteaux, etc.

Qu'il en soit de même des divers bâtiments assignés aux préfectures.

On examinera s'il y a bien besoin de sous-préfets.

Qu'il n'y ait pas en France d'appointements au-dessus de douze mille francs.

17

Si nous voulons sincèrement la République, il faut brûler nos vaisseaux.

Il nous faut aussi faire de grandes et sérieuses économies pour payer le tribut exigé par la Prusse, et en même temps pour réparer nos désastres, et aussi pour prendre l'habitude d'une sage économie.

Il faut imiter le négociant malheureux qui veut tout payer, se réhabiliter et refaire sa fortune avec plus de prudence et de certitude.

C'est à ce triple titre que je fais les quelques propositions que voici :

Démolissons ou fermons les niches où nous ne voulons pas mettre de saints.

Supprimons le trône avec toute la

piaffe et toutes les splendeurs ruineuses
de la royauté.

Ne nous contentons plus des sy-
nonymes avec lesquels on a si longtemps abusé, mené et égaré la France.

Tels que : « Plus de gendarmes, mais
une garde municipale ; — plus de con-
scriptions, mais le recrutement ; — plus
de royauté, mais une présidence assise
sur le même fauteuil que la royauté
avec le même pouvoir de corrompre. »

Notre système militaire a fait ses
preuves, il est mauvais, insuffisant contre
l'agression du dehors, dangereux pour la
liberté au dedans.

N'essayons pas de construire une France

nouvelle avec de vieux matériaux hors de service, des poutres pourries, des pierres délitées, des plâtras de démolition.

Reconstituer veut dire remettre dans son état primitif; c'est tout le contraire qu'il faut faire.

Notre système militaire doit être calqué sur celui de la Suisse, système qui assure à la fois la défense du pays au dehors et son indépendance au dedans.

Reconstituer une armée en ce moment, où vous n'avez pas de guerre à faire : pourquoi?

Licenciez donc l'armée, pas pour tou-

jours, — toujours, ça ne dure pas assez
longtemps, — mais pour dix ans, en ne
gardant que des cadres d'instructeurs;
et employez ces dix années à vous mettre
en état de n'avoir plus jamais d'armées
permanentes, mais à instituer une nation
armée, qui ne soit pas à la disposition
d'un ambitieux ou d'un fou.

Le licenciement de l'armée est en
même temps une immense économie.

Enfin, pour en finir avec la royauté,
et pour se procurer une grosse, très-
grosse somme d'argent, prenez-moi les
divers joyaux, bibelots, etc., connus sous
le nom de « diamants de la couronne »;
leur valeur commerciale est importante,

17.

mais elle sera centuplée et au delà si vous les mettez en loterie, comme on mit autrefois le lingot d'or ; l'appât des lots et la sympathie des peuples (je ne parle pas des gouvernements) de l'Europe et de l'Amérique pour la France, feront prendre rapidement tous les billets de cette loterie.

J'ai encore un mot à dire.

Le suffrage universel, tel qu'il a été pratiqué jusqu'ici, a été un instrument aveugle, un torrent sans digues qui nous a donné successivement l'Empire et la guerre. Il faut non pas le supprimer, non pas le diminuer, mais le régulariser.

Vous venez d'exercer, sans y faire attention, le suffrage universel à deux degrés et vous êtes satisfaits du résultat, Vous avez élu une Assemblée de représentants qui a nommé M. Thiers chef du pouvoir exécutif; vous continuerez à être tous électeurs et tous éligibles, mais vous exprimerez votre volonté en deux votes, c'est-à-dire avec plus de maturité. Vous nommerez tous des électeurs qui nommeront les députés, comme la Chambre se divise et se subdivise en commissions pour élucider les questions; le vote doit être obligatoire sous des peines sévères, et, pour être obligatoire sans être une lourde charge, il faut qu'il ait lieu à la commune, ce qui a en outre l'avantage d'assurer sa sincérité.

En voilà assez pour commencer. Commençons !

***

AUTRE POST-SCRIPTUM

publié en janvier 1871 dans plusieurs journaux avant le vote de translation de l'Assemblée à Versailles.

Il me semble que M. Thiers comprend la faute que fait l'Assemblée et qu'il ne se sent pas assez d'autorité pour l'empêcher.

Jamais, du moins d'ici à longtemps,
on ne prendra en sérieuse considération
en France un gouvernement dont le
siége ne sera pas à Paris. On doit
décentraliser la France avec le temps,
par les mœurs politiques et admi-
nistratives, mais pas par un déménage-
ment.

Décentraliser, non décapiter.

Disons le gros mot : de quoi avez-
vous peur ?

Vous avez peur d'une émeute qui en-
vahirait et violenterait l'Assemblée. J'aurais
bien plus peur d'une émeute qui prendrait votre place laissée vacante, qui
s'installerait sur vos siéges et s'intitule

rait *le gouvernement de Paris*, tandis que vous seriez *le gouvernement de Bordeaux* ou *de Versailles*, un gouvernement de province ou de banlieue, quelque chose comme Charles. VII, roi de Bourges.

Henri IV sentait si bien qu'il n'était qu'un aventurier tant qu'il n'était pas à Paris, que, pour y rentrer, il s'exposa par son abjuration à s'aliéner les fidèles compagnons de ses fortunes diverses.

Une assemblée de représentants de la nation, librement élue, devrait avoir assez la conscience de sa force et de sa majesté pour ne pas reculer devant une poignée d'émeutiers, les vrais réactionnaires, qui ont montré ce qu'ils valaient quand il s'est agi de marcher contre les Prussiens.

Si vous ne croyez pas pouvoir, à Paris, vous défendre contre l'émeute, l'émeute sera bien plus puissante par votre absence ; elle n'envahira pas le Corps législatif, elle s'y installera, et, si l'émeute fait cela à Paris, elle le fera à Lyon, elle le fera à Saint-Raphaël.

Une proclamation aujourd'hui sur les murs de Paris, quatre lignes :

« Habitants de Paris! Les représentants de la France viennent au milieu de vous travailler à la fondation de la République, et vous confient

le soin de l'indépendance et de la
sécurité de leurs délibérations et de
leurs travaux. »

Et entrez à Paris demain matin, et
tout droit à vos places au Corps législatif [1] !

1. Cet ouvrage a une suite qui forme un nouveau
volume sous ce titre :

        ...Plus c'est la même chose.

IMP. CENT. DES CHEMINS DE FER, A. CHAIX ET Cᵉ, R. BERGÈRE, 20, PARIS. — 18383-4

www.ingramcontent.com/pod-product-compliance
Lightning Source LLC
Chambersburg PA
CBHW070736270326
41927CB00010B/2005